中国少数民族人口丛书

景颇族

翟振武 主编

李灿松／著

中国人口出版社
China Population Publishing House
全国百佳出版单位

图书在版编目（CIP）数据

景颇族/李灿松著．—北京：中国人口出版社，2013.5
（2022.7重印）
（中国少数民族人口丛书）
ISBN 978-7-5101-1653-7

Ⅰ.①景…　Ⅱ.①李…　Ⅲ.①景颇族—民族文化—中国
Ⅳ.①K285.9

中国版本图书馆 CIP 数据核字（2013）第 046151 号

中国少数民族人口丛书　景颇族
ZHONGGUO SHAOSHU MINZU RENKOU CONGSHU　JINGPOZU
翟振武　主编　　李灿松　著

责任编辑　魏小玲
美术编辑　刘海刚
责任印制　林　鑫　王艳如
出版发行　中国人口出版社
印　　刷　北京兴星伟业印刷有限公司
开　　本　710 毫米 ×1000 毫米　1/16
印　　张　9.25　插 1
字　　数　132 千字
版　　次　2013 年 5 月第 1 版
印　　次　2022 年 7 月第 2 次印刷
书　　号　ISBN 978-7-5101-1653-7
定　　价　40.00 元

网　　址　www.rkcbs.com.cn
电子信箱　rkcbs@126.com
总编室电话　(010) 83519392
发行部电话　(010) 83510481
传　　真　(010) 83538190
地　　址　北京市西城区广安门南街 80 号中加大厦
邮　　编　100054

中国少数民族人口丛书编委会

序

如果把一个民族比作一颗星星，那我们就是生活在一个繁星满天的世界。当今世界上有约 3000 个民族，分布在 200 多个国家和地区，绝大多数国家由多个民族组成。中国也是同样，是由各族人民共同缔造的统一的多民族国家。在漫漫的历史长河中，生活在中华大地上的各族人民密切往来、交流融合、团结奋斗、休戚与共，形成了一个伟大的强盛的中华民族大家庭，共同开发了祖国的美好河山，共同推动了国家的发展和社会的进步。

在中华民族的大家庭中，有 56 个成员，其中有 55 个是少数民族。新中国成立以来，少数民族人口一直持续增长。1953 年第一次全国人口普查时，少数民族人口总数为 3532 万人，占全国总人口的 6.1%。2010 年进行第六次全国人口普查时，少数民族人口总量达到了 1.14 亿，几乎是 1953 年的 3 倍，占到了全国 13.4 亿人口的 8.5%。各少数民族人口数量相差较大，如壮族有 1693 万人，回族 1059 万人，满族 1039 万人，维吾尔族 1007 万人，而赫哲族只有 5354 人，塔塔尔族 3556 人，独龙族 6930 人。中国各民族的人口分布呈现大散居、小聚居、交错杂居的特点。汉族地区有少数民族聚居，少数民族地区也有汉族居住；许多少数民族既有一块或几块聚居区，又散居全国各地。中国少数民族聚居区大都地广人稀，资源富集。少数民族地区的草原面积，森林和水力资源蕴藏量，以及天然气等基础储量，均超过或接近全国的一半。全国 2.2 万多公里陆地边界线中的 1.9 万公里在民族地区。全国的国家级自然保护区面积中民族地区占到 85%以上，是国家的重要生态屏障。中国各民族的起源和经济、社会、文化的发展有着本土性、多元性、多样性的特点，五彩缤纷，丰富多彩。

要全面认识中华民族，就要从认识每一个民族开始。正是从这个理念出发，我们编写了这套《中国少数民族人口》大型系列丛书，力图从历史、文化、经济、社会等各个方面，用准确、科学、生动的语言，全方位描述和展现各少数民族灿烂辉煌的历史和现状，编织出一幅绚丽多彩的中华民族大家庭的“全家福”。

编写这样一套大型系列丛书，难度非同一般。几经论证和深入研讨，最终形成了编写大纲，这套丛书各个分卷的作者绝大多数由少数民族作家担任，他们不仅熟悉自己民族的历史和文化，而且对本民族有深厚的感情。在国家新闻出版总署、国家人口计生委和中国人口出版社的大力支持下，作者们历经数年，几易其稿，终成此书。值此丛书出版之际，我们衷心地祈愿这幅“全家福”能为民族的交流和团结，为中国的文化建设，为整个中华民族的繁荣昌盛，作出一份微薄的贡献。

翟振武

2012 年 5 月于北京

PREFACE

Every nationality sparkles like a star in the firmament. Now we have about 3000 stars distributed across the world in more than 200 countries, most of which are multinational. So is China, which consists of a number of nationalities. For centuries, all the nationalities have lived together, worked together and fought together, making China a prosperous unified multinational country.

Of all the 56 nationalities in China, 55 are minorities whose population has been increasing since the founding of The People's Republic of China. According to the first census in 1953, the minority population was about 35. 32 million, accounting for 6. 1 percent of China's total population. By 2010, the number had almost tripled. According to the sixth census, the population of the minorities amounted to 114 million, making up 8. 5 percent of the 1. 34 billion people in China. The population size of minority groups varies a lot. Some of them have a large population, for example, the Zhuang Nationality has a population of 16. 93 million; the Hui has 10. 59 million people and the Manchu consists of 10. 39 million people. Some of the minorities are quite small, such as the Hezhe, the Tatar and the Drung nationalities, which have populations of 5354, 3556 and 6930, respectively. China's nationalities live together over vast areas with some living in individual, concentrated communities in small areas.

Some minorities'concentrated communities are scattered among the Hans, and some Han people also live in the minority communities. Some minorities may have one or more concentrated communities, while their people spread all over the country. Most minorities'concentrated communities have their people sparsely distributed in large areas with abundant resources. The grassland, forest, water and natural gas reserves in areas inhabited by minority people account for about half of China's total. Further, 19 000 kilometers of the nation's 22 000-kilometer land boundary are in minorities'communities. In addition, 85 percent of the country's state-level natural reserves are in the minority areas, making the people important guardians of China's ecology. Each of the nationalities'origin is unique, and their development of economy, society and culture is full of variety.

Only by learning every aspect of the minorities'lifestyle can we have a comprehensive understanding of the Chinese nation. Under this notion, we write this series of books on the Population of China's Minorities to provide a detailed picture of our Chinese nation, with the glorious past and prosperous present of the country's minorities.

It is through trials and tribulations that we write this spectacular series of books. Most of the authors, who have profound knowledge of the minorities and wrote the books with their strong emotions, are members of minority groups. With the great support of the National Publication Foundation, the National Population and Family Planning Commission and China Population Publishing House, the authors completed the books after years of unremitting endeavor.

On the publication of this series of books, we are looking forward to seeing these books contribute to the unity of the Chinese nation and help our country flourish in the future.

Zhenwu Zhai
Beijing
May 2012

目录

Contents

综　述

纵歌载舞向太阳

千年的迁徙，万里的跋涉，他们从青藏高原一路走来，载歌载舞；战乱的残酷，恶劣的环境无法阻挡雄狮般的意志；激荡的歌声是他们诉说的旋律，纵情的舞蹈是他们奔放的情怀，神圣的祭奠、喜庆的盛典、哀默的送葬，他们都以不同的歌声和舞蹈来倾诉内心的种种情愫；他们是太阳的儿女、是龙的传人，他们就是景颇族。

景颇族是中国56个民族大家庭的一员，景颇族人民素以好客、热情著称，这可以从他们最具代表性的“目瑙纵歌”的激情和豪放中体会；景颇族人重情重义，是朋友就可以进门“吃白食”，“没有老婆就没有饭吃、没有衣穿”是刚毅背后柔情的体现。歌舞是他们生命中最重要的一部分，它在景颇族的生产生活中的地位绝对超过其他少数民族，歌舞是他们倾诉感情的主要方式，无论婚嫁还是丧葬都要以不同的舞蹈来表达他们的情感，在歌舞中他们与自己交往、与族人同欢、与朋友携手、与神明共舞……酸笋和辣椒是景颇人民的必需，竹筒饭和烧烤食品是他们的最爱，烟酒是景颇人民生产、生活、社会交往的重要媒介。景颇人民的婚嫁在现代与传统的融合中丰富多样，但他们主张“血不倒流”、“姨表不婚”。到了景颇族家里可千万不能触摸他们的头、拍他们的肩、进主人的卧室，不能吃狗肉，不能动他们的刀枪，吹口哨那就更不允许了……

景颇族也是个跨境而居的民族，在我国称为景颇，在印度阿萨姆称为新福，在缅甸称为克钦。全世界景颇族共有约 180 万人，分布在我国的有 147 828 人（2010 年），占世界景颇族人口的 8%以上，其中分布在云南省的景颇族约 14.2 万人（2010 年），占我国景颇族总人口的 96%左右，分布在德宏州的景颇族共有 134 373 人，约占全省景颇族总人口的 94.6%，主要聚居在美丽神奇的德宏傣族景颇族自治州的陇川、盈江、芒市、瑞丽、梁河五县的山区与河谷之间，其他少数分布在怒江州泸水县的片古岗地区，少数散居在腾冲、耿马、澜沧等县，是云南特有的世居民族之一。

嘹亮的歌声萦绕在奔腾的怒江、金沙江与恩梅开江上；似火的激情在“目瑙纵歌”的恢宏中释放，像太阳般照亮高黎贡山和喜马拉雅山。这个能歌善舞、用歌舞倾诉自己一切感受的民族与我国古老的氐羌民族有密切的关系，这一点可以从语言系属和景颇族的口头传说得到印证。

景颇族由唐代“寻传”部落的一部分发展而来，这在《蛮书》和《南诏德化碑》中均有记载。其中《南诏德化碑》说“西开寻传，禄郫出丽水之金”就明确点出了“寻传蛮”的主要居住地。景颇族先民居住在康藏高原南部山区，7～9 世纪沿横断山脉南迁，分东西两支迁徙，东部景颇在澜沧江以东，金沙江地区；西部景颇在澜沧江以西至缅甸境内。15～16 世纪，由于战争，大量的东部族人大规模西迁；16 世纪后大量移居德宏地区，多与德昂、阿昌、傈僳、汉等民族杂居。近代文献多称为“山头”、又分别称为“大山”、“小山”、“茶山”、“浪速”，自称“景颇”、“载瓦”、“喇期”、“浪峨”。由于分布和居住区域的不同，景颇族有不同的支系，当前景颇族主要有五个支系，即景颇、载瓦、勒期、浪峨（浪速）、波拉。中华人民共和国成立后，经过民族识

别，确认为景颇族。

在景颇民族形成的滚滚长河中，他们一路迁徙，一路融合，并最终定居在美丽富饶的德宏。歌声是他们诉说历史的方式，舞蹈是后人祭奠先民的仪式，在歌的世界、舞的海洋，他们与恶劣的自然环境斗争；木鼓敲响、竹筒飘香，他们在享受生活的同时与争战对抗，迁徙融合中使他们形成了坚韧乐观的民族气质。

景颇族是一个豪放的民族，在歌舞跌宕、民族众多的云南多民族中，其豪放热情的舞姿时时崭露头角。穿越景颇族漫长的历史，可以看到景颇族与多民族交往中形成的本民族文化。其现行的景颇族文字就是在中外交流中不断产生的，《目瑙斋瓦》是其千百年来不断完善和发展并融歌谣、传说、诗歌为一体的活的口碑史诗。精美的佩刀、独到的民族医药技术与阿昌族和汉族有很多的相同之处。歌舞是景颇族人的灵魂，在歌舞中劳动、结婚生子、丧葬、祭祀成为不同场合舞蹈展现的元素，在婆娑的竹林、高大的红木楠木丛中歌声飘荡、舞姿奔放，在激荡的歌舞中便有景颇人的宗教信仰和社会结构，追求万物有灵的他们在歌舞与万物之间找到了人与自然和谐相处的法则。

万物有灵的思想造就了景颇族追求与自然的和谐，在山环水拥之间构筑自己能攻易防的栖身之所就是最好的见证，也成为少数民族民居中与自然相融的典范；其号地、祭“龙尚”等节日，对鸟的崇拜和学鸟跳舞的传说等也都与自然息息相关，流露出的是人类不断探求文明，探索怎样处理好人与人、人与自然相处的点点滴滴。

歌的柔、舞的刚展现的是景颇族热爱生活，热爱生命的本质。景颇人民的能歌善舞在长期的生活中创造了独具特色的民族艺术，木鼓的深沉、勒绒的宽广、口弦的悠远、象脚鼓的阳刚展现的是景颇族宽广、质朴、深邃、勇敢的本性。木鼓声声、舞步整齐、银光闪闪铸就的是世界知名的“目瑙纵歌之乡”。打汤碟、善刀术是景颇人民生活的必备与必需，他们将生存中的狩猎与生活的娱乐很好地融合在一起，狩猎就是娱乐、娱乐就是生活，这是景颇人的生活哲学，也是一种返璞归真的境界。

豪放民族，能歌善舞，山环水拥的寨子当然离不开酒水的飘香，无论是烧酒还是水酒配着飘香的竹筒饭、舂筒、山骰野味、酸笋烹饪的各种佳肴，和着动人激昂的舞姿，传唱着千年的历史一路走来，在高黎贡山和怒江、金沙江之间跌宕起伏。

景颇族作为一个跨境民族，地处我国重要的边境地区，从远古至近现代，经历了无数次战火。他们不仅热爱生活、热爱生命，更爱自己的家园，马嘉理事件中景颇人民截杀英国殖民主义者特务和军官的举动打击了侵略者的气焰；同样的壮举，景颇人民在山官早乐东的带领下誓死捍卫养育自己的土地，维护了国家领土和主权的完整。

解放的枪声让景颇人民走出了深山、脱离了渔猎，电站的建立、农业经济的发展使他们开始走上幸福之路。随着现代化的步伐，景颇人民的特色产业市场化不断明显，红木、楠木、橡胶、咖啡、茶叶、琳琅满目的水果、矿产资源的开发，让景颇从此兴旺与富裕……

太阳之子宁贯娃与龙女的身影落落绰绰，歌声、舞步、木鼓、号角、佩刀、口弦激荡出的是一幅幅荡气回肠的景颇族画卷，一段段景颇族鲜活的历史。

第一章

青藏高原的太阳女儿

关于景颇族的族源由于缺乏相应的史实作为佐证，因此没有确切的记载，但是根据景颇族自己的传说，景颇族最早发源于青藏高原，美丽的传说展现了景颇人民对太阳的崇拜与向往，太阳的儿女有着火一样的奔放和水一样的柔情，大概是因为迁徙的民族不愿意在黑夜中行走吧，因为太阳能给他们光芒，能给他们更多的安全感和更容易辨清方向；也可能万物生长靠太阳，太阳能给他们温暖和想要的一切；也可能太阳离着他们那么远，又那么神秘，那时候光和火在他们心目中何等重要；也许，太多的可能和太多的也许，所以景颇族选择了太阳作为他们最崇拜的图腾，他们选择了太阳作为他们的祖先，身为太阳子女的他们以最狂热的舞蹈来表达自己对太阳深深的崇拜。

第一节　氐羌之后与景颇族的形成

我国少数民族众多，景颇族是我国 55 个少数民族中的一员。作为一个跨境而居的民族，其主要的支系分散在缅甸、印度和我国云南。具体来看景颇族主要分布在中缅边境克钦邦的山区、中印半岛西北部阿萨姆邦以及我国云南的德宏等地，这一区域东起高黎贡山、怒江，西至印度阿萨姆边境，东西直线距离宽处为200～300千米；北起喜马拉雅山麓坎底、岔角江，南至腊戌、莫戈克一带，南北直线距离约700千米。整个区域面积约7万平方千米的土地是景颇族的主要聚集区，这里崇山峻岭、森林密布、江流湍急的地理环境使得景颇族在历史上很长时间内处于相对封闭的状态，也因此形成了景颇族独特的文化和生活习性。

景颇族在不同的国家有不同的称谓。在印度，他们自称为新福，而在缅甸，他们被称为克钦。在中国，景颇族主要包括景颇、载瓦、勒期、浪峨、波拉五个支系，他们主要分布在云南省德宏傣族景颇族自治州境内的陇川、盈江、芒市、瑞丽、梁河五县市山区。其余的景颇族人口散居于怒江傈僳族自治州的片马、岗房，古浪、临沧地区的耿马佤族自治县等地。大部分景颇族生活在海拔1500～2000米的山区，与各少数民族（如白族、傣族等）分寨而居，部分杂居。

景颇族主要使用景颇和载瓦两种语言，景颇语属汉藏语系藏缅语族景颇语支；载瓦语属汉藏语系藏缅语族缅语支。景颇族在19世纪末拥有了本民族的文字，景颇文是在1895年由西方传教士约翰逊夫妇创制的一种以拉丁字母为基础的拼音文字。① 新中国成立以后，民族工作者考虑到中缅景颇族之间的交流，将一些不合理的地方做了改动，同时为载瓦语的景颇人民创建了一套拼音体系，并针对文字的普及和学习做了大量的工作。文字的发明，使得景颇族人民的文化和科学知识水平得到了很大的提高。

一、木札省腊崩

口传史是各个少数民族重要史实获得和延续的重要组成部分，特

① 景颇族简史编写组．景颇族简史．云南人民出版社，1983.

别对于没有文字的少数民族而言，口传史的延续和传承是整个民族发展的重要历史依据。景颇族在19世纪末期以前就是一个没有文字的民族，因此景颇族的许多传说、祭祀、风俗习尚是通过口传史的形式来展现。它的口传史代代相传，而董萨、山官便成为口传史的主要掌握者和传承者，他们在村庄和宗族内部都具有较高的身份和地位。在景颇族的口传史中，景颇族的先人都认为景颇族发源于"木札省腊崩"的地方，用现代汉语来解释便是"天然平顶山"或者"男山和女山"的意思。根据祖先的描述和口传史的相关记载，"木札省腊崩"与藏区比较接近，终年积雪、白雪皑皑、天气严寒，或许寒冷得让人无法忍受的天气就是景颇族迁徙的主要原因。因为寒冷的高原常常被积雪覆盖，严重影响了景颇族人民的正常生产生活。也可能因为常年的征战或者各民族之间的利益冲突而受到排挤从而导致了民族的迁徙。云南的很多民族有迁徙的历史，很多迁徙是在被迫中不断地流动，傣族如此，景颇族、拉祜族等的文化习俗中都有非常明显的迁徙的痕迹。迁徙是为了更好地生存，当在强大的势力集团的侵害或者面对无法抗拒的自然灾害的时候迁徙可能是保存实力的最好办法。景颇族就是从这样寒冷的高原上一路走来，这个传说的"木札省腊崩"的地方位于怒江、澜沧江、金沙江等几条大江大河的发源地以北的遥远地方。其实，根据民族学家的探究，"木札"和"腊崩"在景颇族的语言里是"临时"和"地方"的意思。从景颇语的这个说法中我们可以看出"木札省腊崩"是一个动态的地方，也可以理解为一个动态的概念，这与景颇族认为自己的民族是在不断迁徙和分化中形成的历史相吻合。[①] 景颇族是一个多神崇拜和崇拜鬼神的民族，他们相信人有魂魄，当人死去之后要把他的鬼魂送回遥远的家乡，也就是景颇族祖先最早的诞生地，由于居住于不同地方的景颇族有不同的口传记忆，因此送魂的路线也

---

① 杨永生．景颇族社会历史综述．德宏文史资料第18辑．德宏民族出版社，1992.

有差异，但是根据其“送魂”和念祭“木代鬼”（景颇族中最大的天神之一）的传统来看，其送魂的路线大都位于怒江、澜沧江、金沙江、恩梅开江、迈立开江等江河的源头，或许这就是我们现在所说的“木札省腊崩”吧。此外，从语言系属来看，景颇族语言属于汉藏语系藏缅语族，这与历史上甘、青、川、藏等地的氐羌部落集团彝语支诸族语言有同源的关系。[①] 根据先秦的记载，早在公元前 21 世纪夏王朝以前，氐羌族群广泛活动于现在的甘、青、川、藏一带，《后汉书·西羌传》载：“西羌之本出自三苗，姜姓之别也，其国近南岳……南接蜀、汉徼外蛮夷。”从这些史实和相关的记载我们不难看出“木札省腊崩”就是我们现在说的喜马拉雅山，而景颇族最早的起源就是广阔寒冷的青藏高原地区。

二、太阳的儿女、龙的传人

景颇族的“目瑙斋瓦”是一部宏伟的口传史，其中就有关于景颇族由来的动人传说。在这部史诗中生动地描绘了景颇族是如何而来的，景颇族的祖先是怎样顽强地与严酷和未知的大自然作斗争的。传说不仅展现了景颇族祖先豁达的胸怀，还体现了景颇族人民在面对灾难和困难时英勇、智慧的一面。其中关于景颇族族源的歌是这样描述的：在很久很久以前，天上有个太阳神，太阳神有一对儿女，男的叫宁贯知能，他英俊而勇敢，女的叫木占威纯，她美丽而善良，他们就是景颇族的始祖。他们有个儿子叫宁贯娃，聪明智慧、勤劳勇敢、敢作敢为，太阳神特别喜欢他并赋予了他无尽的力量。后来宁贯娃认识了聪明伶俐、贤惠大方而能干的布仁扎圣。布仁扎圣是龙王的女儿，两人很快坠入爱河并结为夫妻，婚后生了个儿子取名叫扎容扎。扎容扎长

① 刘璐．景颇族语言简志．民族出版社，1984.

大后英俊帅气，不仅遗传了父亲的英俊和勇敢，还继承了母亲的智慧和能干。长大后他与太阳神的女儿木代女相爱，并喜结连理，他们生下的子孙成为了各民族的祖先。

在这个充满神话色彩和具有超现实主义的传说中，我们可以看出景颇族人民对太阳的崇拜和敬畏，也可以看出他们粗犷而刚强的民族气质。或许传说中的宁贯娃、布仁扎圣、扎容扎都是真的，或许是景颇族的祖先编撰的人物，但无论怎么说，景颇族祖先想给我们传递一个信息，他们是太阳的儿女，是龙的后裔。太阳给了他们温暖，在寒冷的喜马拉雅山或许唯一能抗拒冰天雪地的便是太阳，因此，太阳在他们的心目中占据了不可替代的地位。景颇族的祖先自认为自己是太阳的儿女，在他们的血液里流淌的是太阳一样的激情和热度，这种热度可以抵御一切的寒冷，可以融化所有的苦难和不幸。龙能给予他们生命中不可或缺的水，在一路的迁徙中水不仅给景颇族的祖先消暑解渴，而且从水中他们能获得不少的食物。有了温暖，有了水和食物就有了生命，所以他们顶礼膜拜与本民族生活联系最密切的太阳和龙。

漂亮的景颇族女子　（杨永明摄）

扎容扎和木代女的后代成为各民族的祖先的传说也说明了景颇族对自己族源的深刻认识，体现了他们博大的胸怀，他们的认识一定程度上证实了西南地区有很多少数民族具有同样的起源的事实。从中不难看出我国西南地区众多少数民族都是氐羌的后裔，或者或多或少有古代氐羌民族的血统，这在古代的史书和近代的研究中均有记载。

三、景颇族的形成

景颇族过去没有文字，因此他们没有确切地记载本民族详尽的由来，另外，景颇族是一个不断迁徙的民族，在迁徙中他们没有固定的居所，也无法留下实在的遗迹和实物来证明自己的发展历程。同时景颇族又偏居于边远的西南山区，这里山谷纵深、沟壑险峻，而且交通闭塞，他们的起居生活、劳动生产鲜为古代的世人所知，所以在古代史书中也不会有对景颇族详尽的分民族的记载。对于景颇族早期的史实，我们仅能从浩瀚的历史典籍中寻找到他们与其他少数民族曾经交往的痕迹，通过这些痕迹和景颇族先民与其他民族的关系我们似乎能看到他们祖先曾经的身影。

在《史记·西南夷列传》中记载有公元前 2 世纪云南境内的部落情况："……皆氐类也。此皆巴蜀西南外蛮夷也。"《华阳国志·南中志》中记载："夷人大种曰昆，小种曰叟……"说明昆明族是南中地区的大族，而叟族即为"小种"，与昆明族杂居。他们都是从氐羌中分化出来的，广泛分布于云南广大地区及与四川西昌相接的地区之内。[①] 随着社会经济的不断发展和变迁，昆明族和叟族各部落相互间不断分化、融合，演变成彝、哈尼、拉祜、傈僳、阿昌五个民族。

① 尤中．云南民族史．云南大学出版社，2001.

这种部落间的分化和融合，一方面因为古代氏族部落不断迁徙，另一方面由于西南高山峡谷区特殊的地理因素而出现这样的结果。横断山脉境内高山险峻、水流湍急，在科技和交通均不发达的古代，构成了天然的屏障，阻断了各部落间的交流，使各部落集团的社会发展逐渐出现了差异：处于深山峻岭中的部落发展较为缓慢，居住于河谷及平原地区的部落则发展相对迅速。自秦汉以来，各部落经济社会发展水平很不均衡，即使是同一族源的部落集团，由于分散在不同地区，受制于各地区经济社会发展条件的不同，未能形成同一民族。因此，在漫长的历史长河中，许多原本属于同一族群的部落分散了，渐渐形成了不同的部族集团；而许多原本属于不同民族的部落因为地理的相邻性而不断融合，逐渐演变成许多新的部落和部族集团，为民族的形成跨出了艰难的第一步。景颇族的历史发展也遵循着相同的轨迹，他们与氐羌各族不断发生着分化与融合，同时，在景颇族内部各支系间，这种分化与融合也在悄无声息地进行着。

汉书中对景颇族的记载较少，学者们通常只能根据传说与史料加以推断。通常，汉文史书中的“寻传蛮”、“峨昌”、“羯些”、“野蛮”、“野人”、“山头族”等几种族称，即是景颇族的自称和他称。

三国时期，居住在南中地区的居民大部分属于氐羌各部落，社会发展不平衡。一些实力较强的部落首领割地称雄，成为了其中的“大姓”、“夷帅”。诸葛亮平定南中后，采取了一系列“南抚夷越，稳定南中”的策略，既保证了这些“大姓”、“夷帅”在当地的原有权力，又有效地限制了他们的势力，加强了蜀汉政权对当地少数民族政权的控制。由于蜀汉政权采取了比较宽松的民族和阶级政策，因而南中各地区社会比较安定，生产力得到了不同程度的发展，各部落集团融合的步伐有所加快。至今一些地区的景颇族还崇拜孔明，流传着诸葛亮向景颇各族传授生产技术、发展农业生产的故事。据民间传说，孟获即为最初的浪峨支人，意为“老大”的意思。

魏晋司马氏集团由于贪污腐败、暴政残虐，导致了南中政局的动荡不安，“叟”、“昆明”等各部落逐渐分化出“摩沙”及彝语支各族的先民。

至唐代，南诏地方势力兴起。《蛮书·卷三》记载：762年，南诏首领阁罗凤率兵“西开寻传”、“南通骠国”。西部的景颇族先民居住在属于南诏管辖的丽水节度及永昌节度境内，而东部的景颇族先民属丽江路管辖。阁罗凤西征途中采取了恩威并重的策略，使得西部地区的景颇族先民及与景颇族先民有关的一些部落集团归附。此时，景颇族先民已与“乌蛮”相区别，从氐羌中独立了出来。其中一些居住在祁鲜山以东的经济文化较发达的支系自称为“寻博”或“寻傅”，而居住在祁鲜山以西相对落后的各支系仍被侮称为“裸形蛮”、“野蛮”等。

元明清时期，史书上所载景颇族又多称为“峨昌”。《元史·地理志》载：“其地在大理西南，澜沧江界其东，与缅地接。”此外，《云南图经志书·云龙州》明确记载了“峨昌”的习俗与“寻传蛮”的习俗完全相同，聚集的地区也是一致的。“峨昌”是载瓦支、浪峨支原来的族称，与“阿茶”声韵母均相似。此时，景颇族先民各部落经过分化、融合，已经开始形成四个主要支系。清初，中国境内的景颇族主要分布在永昌府所属地区，即今德宏境内，自称为景颇、载瓦、勒期、浪峨、波拉等，又有“山头族”之称。新中国成立后，中央政府于1953年7月设立了德宏傣族景颇族自治区，1956年改称德宏傣族景颇族自治州。自此，中国景颇族享有了民族自治权，正式统一称为“景颇族”。

第二节 美丽神奇的景颇族主要聚居区——德宏

在我国境内的景颇族主要聚居在云南省西部边陲——德宏傣族景颇族自治州境内，景颇族大规模地聚居在德宏主要是在明末清初。在这一时期之前的上千年的时间里，景颇族一直在迁徙和分化。德宏地处边关要塞，自古是兵家必争之地，也是商家必经之所。自古以来这里就是我国最古老的“西南丝绸之路”的重要陆上通道，秦汉时称为“蜀身毒道”，东汉时称“博南古道”。这一区域自唐宋时期中央政府便对其栈道经营，到元明清时期对德宏的开发和管理空前加强。并由于多次大规模向德宏出兵征战，促使这一区域与中央之间联系更加紧密。

从地理区位上来看，德宏东接云南中部高原，西邻缅甸伊洛瓦底江平原，北依横断山脉，位于东经97°31′～98°43′、北纬23°50′～25°20′，其东和东北与保山的龙陵县、腾冲县毗邻，南、西和西北与缅甸接壤，全州下辖芒市、陇川县、盈江县、梁河县、瑞丽市，州府驻芒市。① 德宏除了梁河县以外其他县市均有国界线，并拥有两个国家级开放口岸，即畹町口岸和瑞丽口岸。

“德宏”是傣语的音译，“德”为“下面”，“宏”为“怒江”，意思是“怒江下游的地方”，其所辖面积大约1.15万平方千米。德宏傣族景颇族自治州是我国西南边疆一个美丽富饶的地方，雄伟挺拔的高黎贡山和怒山山脉贯穿南北，水流湍急的怒江和澜沧江顺着云岭一路南泄。崇山峻岭间是无数的溪流，河流下游的两岸是肥沃的土壤。德宏垂直地带性气候明显，因为海拔的差异有气温变化的规律，导致了德宏形成“一山分四季，十里不同天”的立体性气候。并随着海拔的不断上升形成热带森林、亚热带森林、暖温带森林和温带森林。立体性

① 德宏年鉴编辑部．德宏年鉴2006．德宏民族出版社，2006．

的气候和多样性的植被环境使德宏动植物资源十分丰富，是名副其实的“云南野生动植物王国王冠上的明珠”。德宏境内的高黎贡山是世界物种多样性最丰富的地区之一，“高黎贡山”最早始见于唐代著名学者樊绰在其所著的《蛮书》，高黎（又叫高丽或高日）是景颇族一个家族名称的音译，“贡”为景颇语，是“山”的意思。“高黎贡”原意为“高黎家族的山”，后来的汉族按自己的习惯在“高黎贡”后又加“山”，最后形成高黎贡山的名称。

德宏州内有四种气候带：①北热带气候，年积温 8000℃左右，年降雨量 2655.5 毫米；②南亚热带气候，年积温 5980～7409℃间，年降雨量 1546～1717 毫米；③中亚热带气候，年积温 4641～6102℃，年降雨量 1775～2080 毫米；④北亚热带及其他气候，一般年均温小于 15℃，年积温小于 5000℃。[①] 德宏气候的主要特点是：四季不明显，春温高，夏季长，秋多雨，冬极短，雨热同期，干冷同季，年温差小，日温差大。德宏优越的气候条件，为德宏州农、林、牧发展提供了良好的条件和极大的发展潜力。

正因为以上两个重要的特征使得德宏生物多样性异常丰富。据统计，境内有高等植物 318 科 1886 属 6032 种。有国家级、省级保护植物红豆杉、秃杉、云南娑罗双、盈江龙脑香、桫椤、滇榄、鹿角蕨等 159 种。有数百种品种为德宏州所特有，如盈江龙脑香、云南娑罗双、羯布罗香、萼翅藤、鹿角蕨等。

德宏冬无严寒，夏无酷暑，雨量充沛，年平均气温 18.2～23℃，且空气透明度好，是全国的光照高质区之一。物种的多样性、气候适宜性、明媚的阳光和天然的氧吧造就了德宏州丰富的旅游资源，这里不仅自然资源丰富，而且民族众多，人文资源也极其丰富，在德宏境内的瑞丽江、大盈江就是我国国家级风景名胜区。除此之外，亚热带

① 德宏年鉴编辑部．德宏年鉴 2006．德宏民族出版社，2006．

雨林奇观——扎朵河的雨林瀑布、全国最大的树——榕树王、橡胶母树、迷人的凯滨亚湖、全国物种保留最多的森林——铜壁关自然保护区、探险家向往的大娘山等。德宏众多的民族使得这里的民族风情独特，傣、景颇、阿昌、德昂、傈僳等多姿多彩的边疆民族风情，异彩纷呈；傣族、德昂族的“泼水节”，景颇族的“目瑙纵歌”节等都是大型的万人狂欢的节日。

瑞丽江晨景　（刘建明摄）

如此富饶美丽的地方使得景颇族迁徙到这里就不再流动，一个千年迁徙的民族找到了属于自己的固定居所。根据乾隆《东华录》和道光初年同知胡启荣《腾越屯防记》碑文的相关记载，景颇族先民在这一时期由于躲避战乱和协助清政府抗击缅甸的入侵而在德宏定居，并大规模往德宏迁徙。这样德宏最终成为我国景颇族最集中的聚居区，美丽的德宏成了他们的家，同时也成了他们世代耕耘的故乡。

一、榕树的王国

德宏历来就是大榕树的故乡，据统计德宏境内百年以上的古榕就有600余株，德宏独特的气候使得这里物种多样奇特，其中就有独树成林、树包塔的奇观，提到这一奇观可能我们并不陌生，在影视作品《西游记》、《孔雀公主》、《边寨烽火》、《漂泊奇遇》等影片中多次露面的“独树成林”便生长在德宏州瑞丽市的芒岭。与此同时，由于其典型的南亚热带气候使得这里榕树长势非常好，有“华夏榕树王”之称的大榕树就生长在德宏州的盈江县铜壁关老刀弄寨旁，当地人把大榕树又叫大青树，盈江县铜壁关老刀弄寨旁的亚热带雨林之中的“华夏榕树王”树龄有300多年，共有100多个根，每年仍有10多条气生根在增加，树高约40米，树冠占地约8亩，整棵树气势雄伟，远远看去，犹如一片小树林，树冠像一把巨伞，浓荫四布、遮天蔽日，是我国目前发现的最大、气生根最多的榕树，故被称为“榕树王”。

云南瑞丽独树成林景区　（刘建明摄）

与此同时，德宏州瑞丽市也有一棵古榕树，已有900多年树龄，有31个根立于地面，树高70多米，树幅面积120平方米，枝叶既像一道篱笆，又像一道绿色的屏障，成为热带雨林中的一大奇观，打破

了“单丝不成线，独树不成林”的俗语，因而被称为独树成林。

树包塔傣语称“广母姐列”，汉语的意思是铁城塔，位于芒市友谊路芒市第一小学内，据说是两百多年前芒市第十七世土司放愈著为纪念一场胜利的战争而修建的。树包塔原名铁城佛塔，佛塔为实心的砖塔，被树根缠绕覆盖，故名树包塔，是当地傣族建造最早的佛塔。关于树包塔的由来，有一个美丽的传说：释迦牟尼有一位弟子曾经问佛祖：“我们如何才能真正表达对您的虔诚呢?”释迦牟尼略微沉思了一会儿，随即把他穿的方袍平整地铺在地上，再把他的化缘钵倒置在袍上，又把他的禅杖立于钵上，弟子们豁然开朗。于是，那方袍便成了方方正正的塔基，那圆钵便成了塔身，那禅杖便成了塔的尖顶（塔刹），一袍、一钵、一杖就形成了现在的树包塔。此塔最初由砖石所建，由于长时间的风化而出现裂缝，可能由于偶然的因素，鸟把榕树的种子带到夹缝中，并在雨水的浇灌之下茁壮成长，最终由于榕树的不断生长将塔包围在树中间，塔顶上的树已高达 30 余米，树冠覆盖近 1000 平方米。塔包着树，树包着塔，结成了一个坚强的实体，塔就是树，树也就是塔。神奇别致的树包塔，塔身像一尊立地的金刚，威严气派，伟岸的菩提树像一把撑开的巨伞护住塔顶。粗壮的树冠手臂般伸向天空，古铜色的树干弯曲，紧紧裹住塔身，树壁犹如飞瀑落地，沐浴着塔基，树包着塔，塔拥着树，形成了独特的树包塔奇观，驰名滇西及东南亚。

二、奇珍异宝勐巴娜西

勐巴娜西是傣语，意思是“神奇美丽的地方、世外桃源”，在民间主要指的就是德宏。2000 多年前傣族的先民居住于此，由于典型的亚热带气候和丰沛的降雨，使得这一区域土地肥沃、物产丰富，成为傣族人民心中的理想国。勐巴娜西珍奇园位于德宏州芒市城东南，是国家4A级景区，四周依山傍水、风光秀美、交通便利，占地526亩。现已建成具有古朴、自然、珍奇特色的高品位景点，是全国罕见的生态园林，在国内堪称一绝。

勐巴娜西珍奇园汇集了全国少见的大量古树名木和世界罕见的硅化木玉石。其特色是稀、奇、古、怪，堪称精品荟萃的旅游亮点、亚热带植物的基因宝库。德宏勐巴娜西珍奇园拥有四项全国之最：古树名木数量之多、年代之古为全国之最；奇石、树化石，尤其是世界上罕见的树化玉，规格之大、精品之多为全国之最；大型根雕造型之美、形状之奇、品位之高为全国之最；大树移植数量之多、成活率之高，为全国之最。

云南勐巴娜西珍奇园　（李灿松摄）

园区内汇集了德宏和东南亚植物的奇珍异宝，体现了德宏物产的丰富、文化的独特。园区集古树名木、宗教文化、休闲旅游于一身，是同时具备生物多样性保护、科普研究、旅游、休闲娱乐、宗教文化、

民族文化、石文化、树文化和竹文化的世外桃源。

三、漫长的边境，独特的景观

德宏州除了梁河县之外，其他县均有国境线，全州有24个乡镇和600多个村寨与缅甸接壤，国境线长达500多千米。改革开放之后，根据我国社会经济发展的需要，我国先后开放了一批通商口岸，其中畹町、瑞丽就是云南重要的国家级通商口岸。如今每天都有成百上千的两国老百姓在这两个口岸来来往往，进行着农产品、玉石等的交易。作为中国通向缅甸的主要口岸，瑞丽隶属于云南省德宏傣族景颇族自治州，毗邻缅甸国家级口岸城市木姐口岸。这里地势开阔，交通便捷，贸易兴盛，城市功能配套齐全，是我国大西南通向东南亚、南亚的金大门。瑞丽是古代南方丝路的重要通道，是中缅两国贸易的“中转站”和“集散地”，是“中缅”、“中印”公路的交汇点。考虑到中国与缅甸之间交往的便利和历史的缘由，1978年，我国正式将瑞丽畹町口岸批准为国家一级口岸；1990年7月9日，国务院批准瑞丽口岸对第三国开放；1992年6月，国务院批准将瑞丽设为边境开放城市，享受沿边经济开发区政策。瑞丽畹町口岸目前已发展为中缅边境口岸中人员、车辆、货物流量最大的口岸。

畹町与缅甸九谷镇有着自由往来，友好互市的悠久历史。“畹町”二字是傣语音译，意思是“太阳当顶的地方”。畹町总人口2万多人，城区人口仅5000多人，是中国最小的城市之一。“二战”期间，日军封锁了中国所有的海上通道，云南成为祖国的大后方，是我国主要商业贸易和战备物资的重要补给场所，其中畹町就是重要的“大门”，这一时期畹町成了中美英盟军的大本营和物资集散地，中国抗日的远征军也就是从这里出入国境的。畹町桥位于畹町市区一侧，是中缅两国交界河上的界桥，也是中缅两国人民通商互市、经贸文化交流的重要通道。该桥初建于1938年，是当时中国对外联系的重要国际交通口岸，国际对我国的军援物资就通过该桥源源不断地运往内地。近几年由于两国边贸的发展，对该桥进行了修缮与维护，如今已经修成钢筋水泥桥。桥的两头分别驻有两国的海关、边防检查站等单位。每天都有成百上千的两国商人、边民由这里进出，畹町桥成为两国互通友好、自由往来的历史见证者。

在这长长的中缅国境线周边居住着不同的少数民族，历史上他们有的曾经属于中央王朝的统辖范围，有的是历代中央王朝的藩属国。由于近代历史上的征战、英法等帝国主义的殖民统治和侵略，使原本属于我国的领土被分割出去，造成了同一民族居住于不同国家，一个家庭居住于不同国家，有的甚至存在早上出门去中国，夜晚回家睡在缅甸的情形。在边境上有很多有趣的事情：春天在中国种下瓜秧，秋天在缅甸收获；自家的鸡一不小心就跑到缅甸等。我们现在能看到的有明显标志的就是“一房两寨”、“一国两寨”和“一井两寨”等奇特景观。比如，在瑞丽屯洪寨边的傣族农民家院子里，立着中缅边界上84号界碑。该界碑是双立的，由于此处的中缅边界位于江中，无法立碑，于是根据有关国际规定双方各后退一定距离立碑，因此便留下了“一房两国”的奇观。

在瑞丽市西南约11公里处，有一个边境人文地理景观小寨——银井。著名的中缅边境71号界碑矗立于寨中，国界线从该寨中央蜿蜒划过，一条从瑞丽至弄岛的公路将同一村寨一分为二，中方一侧的称为银井，缅方一侧的称为芒秀，寨中的国境线以竹棚、村道、水沟、土埂等为界，寨子里的老百姓原本就是一个民族，有的甚至本来就是一家家族或者亲兄弟，但是由于划界的原因将他们人为地分成两个不同国家，这就是典型的“一寨两国”边境的特殊地区。但是在日常生活中，寨中的老百姓生产生活一如既往，也没有因为分属不同的国家而

有什么不一样，平常他们语言相通、习俗相同、起居一致，相处十分融洽。

“一寨两国”——银井寨　（刘建明摄）

第三节　一个迁徙民族的流动与分布

一、克钦、新福、景颇为一家

迁徙、流动是景颇族先民生命中重要的组成部分，在不断的迁徙中景颇族不断分化和壮大。由于千百年来的迁徙，景颇族中的有些支系便在不断的流动中找到了自己的归属。于是一路迁徙、定居，一路分化，在此过程中有的景颇族与其他民族融合，有的融入其他民族，有的则定居后不断发展壮大，最终形成现在的定居格局。我们可以这样说，景颇族如今在世界上的居住格局就是民族内部不断分化的过程，也是景颇族的不同支系在不断寻求适合于自己生存和发展的环境的过程。景颇族的迁徙路线经学者的大量研究初步认为古代景颇族的先民，首先从青藏高原出发，以西安宝鸡这一带为中心，然后开始往甘肃、青海、四川、西藏、云南一带迁徙。一部分在云南德宏一带定居；一部分西迁至印度等地，成为了新福人；一部分南迁至缅甸，成为今天的克钦人，换而言之，新福、克钦、景颇本来就是一家人，都是氐羌系统的后裔。

二、从喜马拉雅到两江流域

景颇族的祖先是由北向南逐渐迁徙，这已成为不争的事实。关于景颇族的南迁，有许多种说法。一说景颇族发源地是个非常寒冷的地方，景颇族先民为了找到更适合居住的地方而南迁；二说是为了躲避秦始皇的兼并战争而南迁的；三说景颇族实行幼子继承制，老山官的官位只传给幼子继承，其他有能力的儿子只能率领部分百姓去外地开拓；四说原先平等的部落后来不再平等，一些对此不满的氏族只好南迁；五说清王朝与缅甸发生战争，被指派去运粮的景颇族百姓因有功而留在云南德宏境内居住了……总之，景颇族先民南迁的背景很复杂，过程也很漫长，但是其逐步分散地向南迁移是不争的事实，如今的空间分布格局是其千百年来不断移动分化的结果。

从景颇族历史上的迁徙路线来看，其迁徙方向很复杂，并不是单一的，在以南迁和西迁为主要方向的同时，不同历史阶段还呈现出向东、东南、西南、西北等方向迁徙。关于景颇族迁徙的具体史实仍然是个谜，为破解景颇族的迁徙之谜，2002～2009 年，景颇族文化研究学者李向前 4 次组队北上内蒙古、陕西、甘肃、四川、西藏等地寻根。在历经对宝鸡天台山、西安半坡遗址、青海日月山、西藏邦达、红山文化遗址、四川三星堆等地艰辛的考察后，他寻找到了许多与景颇族

紧密相连的实物证据，使景颇族创世纪《目瑙斋瓦》中的一些记载得到了印证，更由此推演出了一条远古景颇族的迁徙路线。与此同时，根据景颇族送“木代鬼”时所念地名，以及老人死后送魂回老家的路线，大致可以看出总的方向是沿着恩梅开江东岸到达康藏高原，即南下的路线。景颇族学者根据实地调研和深入研究认为景颇族的迁徙与炎帝有一定的关联，与红山文化、三星堆文明也有一定的关联性。[①] 为了证明自己的推断，李向前先生提出了自己的证据，比如古药方、祭祀时所用的物品与炎帝时期的有惊人的一致性，在现在德宏州的一些景颇族聚居区的地名与青海、四川的很多地名一样，李向前先生为景颇族的族源和文化发展做了重要的贡献。

结合以上的史实和现有的史料，一般认为一部分景颇族的先民自青藏高原南下后，经过甘肃、青海、四川、西藏、云南等地，沿澜沧江以西、怒江及伊洛瓦底江源头南下，并进入江心坡及西部地区；另一部分景颇族（载瓦、喇期、朗峨），南迁至澜沧江以东、金沙江及泸水的大片地区内，后西迁至云龙、沪水、保山、德宏、临沧等地。之后，有的又向西迁至坎底、孙布拉蚌，甚至达印度，有的向西南迁至玉石厂、雾露河一带，有的沿伊洛瓦底江南下至缅北掸邦，有的则向东南迁入德宏的瑞丽江、大盈江两江流域。[②] 从喜马拉雅到两江流域景颇族先民一路跋涉一路欢歌而来，带着激情的舞蹈，带着千年的文明。

结合我国历史，景颇族的历史也可以在中华民族的历史长河中若隐若现，究其发展的历史和口传史的相关资料，景颇族的历史与藏缅语族群的历史紧密相关。汉晋时期中国历史书记载滇西的民族如“巂”、“昆明”、“哀牢”等，或多或少地与他们有关系。唐代樊绰《云南志》记载的“裸形蛮”与“寻传蛮”中的一部分与他们有着更直接

---

① 李向前，张方元．当代景颇族简史．云南人民出版社，2010.

② 景颇族简史编写组．景颇族简史．云南人民出版社，1983.

的渊源关系。据历史传说和汉文史籍记载，景颇族来源于古代的氐羌族群，其先民最早生活在青藏高原南部名为“木札省腊崩”（意思是“天然平顶山”）的山区，后来南迁到云南西北部，怒江以西的地区。

南迁后的景颇族，为东、西两部分，东部景颇族分布于澜沧江以东，金沙江以东泸水地区，西部景颇族则分布于今马古浪、岗房一带。这个地区史称“寻传”，汉代属永昌群，唐代属云南南诏政权的镇西节度管辖。这一地区的居民包括景颇先民在内，被称作“寻传蛮”。南诏、大理之后，元代在云南设立行省，寻传地区属于云南行省的金齿宣抚司管辖。到了明朝，景颇族务部逐渐形成茶山、里麻两个大的部落联盟，产生了山官。明朝设置的茶山长官司曾任命景颇族山官为长官，并为其颁发铜印和金字红牌。茶山长官司先属金齿军民指挥司，后属永昌卫，又改属腾冲府管辖，里麻司则直属于云南都司。[①]

据确切的史实记载，居住于德宏的景颇族人民是明朝末年开始大规模地向德宏迁人。至于景颇族迁入德宏州的具体时间，据陇川县章凤庄房（傣族寺庙）里的傣文经书记载，大约是1770年。[②] 同样的记载也在这一时期的相关史料中可以找到，这一时期由于缅甸木梳王朝入侵，清政府出兵平乱，景颇族人民为清军在人力、物力和财力上给予了较大的支持。据乾隆《东华录》记载，统兵大臣傅恒在“铜壁关外野牛坝地方”发现“野人又极恭顺，服劳无异内地居民”。他在给朝廷的奏章中说：“查盏达以外，均系野人地界。官兵经过，伊等初怀疑惧躲避，臣令通识语言之人晓谕，互相笑语，环众集覩……臣赏给银牌鼓励，伊等不复心向缅人，俱各安处。”[③] 道光初年，同知胡启荣在其《腾越屯防记》碑文记载：“腾越有野人一种，向在八关七隘之外，

---

① 尤中．中国西南的少数民族．云南人民出版社，1980.

② 刘阳武．几经迁徙的景颇族．中国民族，1982.

③ 云南省编辑组．景颇族社会历史调查（四）．民族出版社，2009.

因乾隆年间进攻缅甸，各土司利用转粟，招入关内。”缅军入侵得到平息之后，大量原来居住于缅甸密支那、腾冲一带的景颇族便留居在德宏，“遂分住各上司山头。其间数十年来，呼朋引类而至者，更难以数计”。[①] 景颇族就这样开始大规模地向德宏迁徙，在中央王朝的感召之下成为中华民族的一员。

景颇族在其社会历史发展进程中，民族迁徙是其社会经济、政治和文化等发展、演变的重要因素，并深刻地影响着本民族的生活习惯与生活方式。在迁徙过程中，景颇族先民与氐羌集团的一部分民族不断分化、融合，从而最终形成了多支系的统一民族。同时，景颇族在漫长的迁徙过程中，形成了丰富多彩的独特的民族文化，例如，各种神话、景颇族最隆重的民间舞蹈——目瑙纵歌、复杂多样的民间音乐与文学以及服饰和风俗习惯等。因此，景颇族的迁徙过程其实就是其发展与不断壮大、寻找适合自己居住环境的过程。时至今日，景颇族仍然会有局部和小范围的迁徙过程，以适应不断变化的经济社会和自然环境，适应日益发展的生产和生活方式。

三、美丽的德宏是我家

明末清初，景颇族大规模迁徙至德宏一带之后，德宏便成为我国的景颇族主要聚居区，这一区域东接云南中部高原，西邻缅甸伊洛瓦底江平原，北依横断山脉，区位重要，物产丰富。根据 2010 年第六次人口普查显示，德宏州境内的景颇族总人数为 134 373 人，超过全国景颇族总人口的 96％。[②] 景颇族先民披荆斩棘，不断迁徙，最终选择了在这片土地上繁衍生息。景颇族选择这个地方作为自己在中国的最终的居住地大概源于德宏傣族景颇族自治州是一个神奇而美丽的地方吧，

---

① 云南省编辑组．景颇族社会历史调查（四）．民族出版社，2009.

② 该数据由德宏州统计局提供。

用傣族人的语言来说就是“勐巴娜西”。其地势东北高而陡峻，西南低而宽缓，大都处于海拔 700～2000 米。这里气候宜人，日照充足，四季花开，瓜果终年。这里森林茂密，拥有锡、铅、钨、镍等 20 多种有色金属，是祖国大西南的一块宝藏。美丽的德宏是众多少数民族聚居的大家园，2010 年，德宏州各少数民族人口为 582 293 人，占该地总人口的 48.07%。这里生活着傣族、景颇族、傈僳族、阿昌族、德昂族等云南独有的少数民族，构成了多样的民族文化和浓郁的民族风情。他们歌唱着自己的文化，舞动着民族的灵魂，书写着美丽的传说，他们在这片美丽富饶的土地上和睦相处、生生不息。

第二章

在太阳的歌舞中生生不息

景颇族认为自己是太阳的儿女、龙的传人，对龙的崇拜是中华民族传统，传说黄帝和炎帝是龙的儿子，炎黄子孙当然就成了龙的传人，加上炎黄子孙均有祖先崇拜的传统，难怪李向前先生认为他们是炎帝部落的一部分。但是一定程度上景颇族人民对太阳的狂热程度不亚于云南的绝大多数少数民族，我国学者何新曾提出，我们的所谓的“华族”就是崇拜太阳和光明的民族。① 从这一点来看景颇族崇拜太阳或许也可以作为景颇族是炎帝部落后裔的一个佐证，甚至可以更大胆地来猜测，景颇族关于自己是太阳的儿女的传说完全是因为他们最早的发源地太冷，加之太阳能给他们光亮和有助于农作物的生长，所以处于远古时期的景颇族先民就把太阳作为他们崇拜的对象。为了祭奠心中的偶像，为了日常生产生活的安稳、丰收和平安，他们便以最隆重和最热烈的仪式——目瑙纵歌来表达内心的激情和狂热。景颇族同样也喜欢歌舞，歌声的嘹亮加上万人狂欢的舞蹈，使得他们千年迁徙的疲倦一扫而空，取而代之的是整个民族的刚强和坚韧。

---

① 何新．诸神的源起．华夏古日神与母神的崇拜．中国民主法制出版社，2008.

景颇族目瑙纵歌节上的舞蹈队　（刘建明摄）

迁徙伴随了景颇族人民几千年，他们披星戴月、跋山涉水，在辛劳之余更喜欢在大山的怀抱引吭高歌，借以抒发内心的艰辛与欢快。劳顿之外他们便会寻求神圣的方式传达心目中的崇敬，以获得内心的平静，于是歌与舞不仅献给了亲人，最主要的是祭奠了神。就这样，在太阳的照耀下、在祖先的庇荫下，他们狂舞，他们歌唱，走过千山走过万水，生生不息。

第一节　景颇族的权威、家族及社会组织

无论是少数民族还是汉民族，宗族的权威在早期的人类发展历程中发挥了重要的作用。在生产力不是很发达的时期，宗族的权威就是维护宗族稳定、带领宗族发展的中坚力量。家庭是个人最小的归属，社会组织是宗族之间对话、整个族群发展的重要纽带，因此，作为族群的一员离开了这些就变得异常势单力薄，特别在莽莽的丛林中生活

并不断迁徙的景颇族成员，离开了家庭、宗族和族群的社会组织都将意味着这个人将无法生存。于是在这样的情形之下，随着族群的长期发展，这些景颇族赖以生存的整个社会体系形成了，人的社会性在这里得到了充分的体现，个人的精神支柱也在这里得到支撑。

一、世袭的山官、权威的董萨以及景颇族的社会结构

在景颇族内部存在着严格的等级划分，一般完整的景颇族辖区按照权力的大小和身份分别有山官、戛堵、苏温、官、董萨、百姓和奴隶。

山官是汉语对景颇族世袭官种的称呼，在景颇族语叫作“杜瓦”，在载瓦语中叫作“崩早”，意为“山上的主人”，是景颇族内部的最高“政治领袖”，按照景颇族的传统，山官须由出身于“官种”（即贵族）血统的人来担任，拥有固定的辖区（即农村公社），对内负责该区的经济、政治、军事、法律等事务，对外代表着本辖区，他就是这一辖区内的所有居住者的最高领袖。同样，通常情况下氏族的领袖不是民主选举产生，而是在山官中产生。在景颇族内部山官和非山官有严格的界限，山官是世袭的贵族，永远具有继承权和当官的权利。山官制度根据人们不同的出身和血统，将其划分为三个等级，即官种（贵族）、百姓和奴隶，并对其实行严格的等级制度。如果一个辖区内的山官全部死了也不能民主选举山官，必须到外面请其他官种来担任本辖区的山官并管辖该区域。山官是辖区内的唯一剥削者，他有权向辖区内的居住者征收官工；接受新来户的礼物；凡遇官家红白喜事、祭祀等活动，辖区内的居住者都必须向山官送酒、米、钱等礼物；辖区内的居住者宰杀牲畜或者猎到野兽必须向山官送上一腿肉作为礼物。与此同时，山官也要担负所辖辖区内居民的一定责任和义务。当辖区内的老百姓有困难时，可以去山官家

吃白饭，如果长期在山官家吃白饭必须给山官干活，当然百姓有红白喜事山官也得送礼。除了这些之外，山官还有义务调解辖区内的民事纠纷，保护辖区内居民的人身和财产安全，当有外族侵犯或者与其他辖区冲突时必须组织本辖区群众进行抵抗。很早以来，景颇族就一直受着当地土司的统治，这些土司是中原封建王朝所委任的傣族封建领主。土司不是直接对景颇族进行统治，而是通过山官来向景颇族发号施令，山官制度是在氏族家长制瓦解过程中逐步形成的。山官的职位按照幼子继承权的原则来世袭，幼子在家庭和社会中均具有较高的地位，家中财产也主要由幼子继承，其他子嗣则在成年后自立门户。由于山官对民众的压迫统治，景颇族爆发了大规模的起义，废除了山官制度，建立了新的政治制度，称为“古姆朗”，促进了景颇族私有制的发展，对景颇族的社会历史发展起到了一定的推动作用。中华人民共和国成立后，在实现民族区域自治和直接向社会主义过渡的过程中，山官制度彻底消亡。

山官以下管理辖区事物的最高职位便是戛堵，“戛堵”是景颇语，指的是地官。由于景颇族崇信鬼灵，而且其鬼神体系比较复杂，因此，要有专门祭祀或者管理各种鬼神的专职人员，戛堵就是其中的一种。通常情况，戛堵的任务是管理官家的名省（地鬼），在祭祀中主持水鬼、官庙鬼、地鬼和山鬼。在景颇人心中没有戛堵就没有人管理和祭祀地鬼，不仅人们生活得不到安稳，生产也会受到影响。戛堵不仅有以上的职责，他还协助山官管理辖区内的事务，当山官不在时可以行使山官的权力，用现在流行的语言来理解，戛堵就是山官的“发言人”和“总理”。戛堵由山官选择，也可以继承，但是如果戛堵失去山官的信任就会被撤换，如果失去群众的拥护就必须让位给贤者。

除了戛堵，另外一个公职人员是苏温，苏温是最初开山立寨的带

头人，后期也可以是能力强、有威望的能人。苏温和戛堵是山官的左右手，任何大小事务都离不开二者，苏温的后代如果有能者也可以继承其位，但没有严格继承的制度。

除了以上官职外，景颇族的社会生活中一个重要的不可或缺的重要职位就是董萨。董萨是景颇族原始宗教的祭师，也是景颇族文化的主要继承者和传播者，每个景颇族村寨都有 2～3 个董萨。除了主持部落、村社的祭祀外，董萨还为民众驱鬼治病，因此他又是巫师，是景颇族内集教育、祭祀、科技、医术于一身的知识分子。董萨分为斋瓦、大董萨、小董萨三个等级。斋瓦是地位最高的巫师，他对本民族的历史、典故、诗歌等文化知识有较深的了解，社会知识丰富，因此只有斋瓦才有资格念祭木代鬼。大董萨是专门祭祀天鬼（木代鬼除外）、地鬼的巫师，且有资格祭祀以牛、猪作牺牲的鬼。小董萨的地位最低，仅能以鸡、干鱼、干老鼠等为祭品祭祀小鬼魂。

二、家庭、村寨与族群

家庭是生产生活的最小单元，它不仅是人类自身再生产的重要载体，同时也是个体参与社会经活动的最小单位，家庭的演变和家庭的结构形式反映族群的结构和族群的演变形式。景颇族的家庭一般是以父子二代或者父子孙三代为直系亲属的家庭。景颇族的家庭里，父亲是家长，子女从父姓，并实行幼子继承制，财产主要由幼子继承，其他子嗣婚后即另立门户。夫妻在家庭中的地位是平等的，但在社会上，妇女的地位不及男子，尤其是在社会生活和政治生活中，妇女没有参与的自由，她们担负着沉重的家务和生产劳动。景颇族一般是一夫一妻制，但也有因为妻子不能生育或者老公“干脱总”（串姑娘）而再娶的，这种一夫多妻的现象并不多见。随着景颇族在进入以村寨联系为基础的农村公社以后，家族关系逐渐削弱，一夫一妻制的个体家庭成为社会的基本单位。①

景颇族流行单方姑舅表的婚姻关系，即姑家男子必须娶舅家女子，但舅家男子不能娶姑家女子。景颇族的婚姻严格遵循着同姓不婚、姨表不婚的原则，违反了要受到严厉的处罚。这是景颇族禁止血亲间通婚和血亲间发生性关系的重要表现，在景颇族的村寨中血亲之间发生性关系是最可耻的事情。一旦有这样的事情发生，男女双方要被处死，或者男的被处死，女的被卖到很远的地方。景颇族对婚前性关系保持着自由的态度，如果发生婚前生子的情形也不会受到人们的歧视，在举行一定的仪式之后，男方可以娶女方，也可以由母亲抚养成人，长大后父亲有要回孩子的权利，如果是女孩子，父亲有权干涉其婚姻并有收取聘礼的权利。虽然如此，景颇族人们结婚却并不自由，实行的是父母包办的买卖婚姻，妇女变成了丈夫家族中的一种财产。若丈夫死后，妇女不许改嫁别家，只能转嫁给丈夫的兄弟、叔伯或侄儿，这就是所谓的转房制度。景颇族官家与百姓不能互相通婚，官家的女儿可以嫁给百姓，但条件是必须要支付得起高额礼物。

随着家庭的分化和壮大，村寨也在不断发展，一般情况下村寨都是由不同的家族构成的空间部落。不同的民族因其文化和习俗的差异，其选择的居住环境有很大的差异。景颇族历史上都是山居民族，其村寨都建在山上近水源、靠近森林的地方。一座座竹楼，一户户人家，组成了一个个寨子，大的上百户，小的仅有两三户人家。在旧时，每个村寨基本都有自己的山官和完整的村寨体系，即使是两三户人家也归属于一定的村寨管辖。

景颇族的支系比较复杂，从现有研究成果来看，景颇族主要有五个支系，即景颇、载瓦、勒期、浪峨（浪速）、波拉；云南境内的景颇

---

① 景颇族简史编写组．景颇族简史．云南人民出版社，1983.

族主要分为景颇、载瓦、勒期和浪峨 4 大支系，也有小部分波拉支系。每个支系都有自己独特的支系方言，虽然各具特色，但语法结构以及词汇方面比较一致。多数地区不同支系的人杂住在一起，并与德昂、阿昌、傈僳、汉等民族杂居。著名学者尤中经研究认为，在元明时期，景颇族中的载瓦支和浪峨（浪速）支与阿昌族一起被称为“阿昌”、“峨昌”，明朝中期以后，阿昌族从“阿昌”、“峨昌”中分化出来，另成一个单一民族，其余的“阿昌”、“峨昌”即为景颇族中的载瓦和浪峨。[①] 这便是景颇族族群发展的大致情况，但是从景颇族发展的角度而言，景颇族在几千年来不断迁徙的过程中可能与其他民族结合形成新的民族，也可能有的支系长期居住于特定的区域，通过与其他民族不断的交往融入到其他民族中间，也有可能某些支系由于征战、灾难而迁徙到其他地方，但不为我们所知。

传统的景颇族竹楼　（李灿松摄）

① 尤中．尤中文集（第一卷）．云南大学出版社，2009.

三、通德拉的约束力

习惯法是各少数民族在漫长的人类发展过程中处理本部落或者本族群内部问题而形成的、独立于国家法律之外的、依据民族群体内部约定俗成的权威组织强制执行的一切规范的总和。在我国少数民族聚居区，习惯法曾经发挥重要的作用，特别对于生活在深山密林中的少数民族而言，习惯法对社会经济、生产生活都具有重要的意义，可以视为当地民众处理村寨内部或者族群内部事务的准绳和规章制度。如今随着法律的健全，交通的便利，少数民族与外界接触增强之后，习惯法的作用在逐渐减弱，但是对于一些少数民族还有一定的作用。景颇族没有成文法，社会秩序靠传统的习惯法——“通德拉”来维持，意思是“阿公阿祖”传下的“做人的道理”，有传统道德、习惯法之意。“通德拉”常常与宗教迷信相结合，故而对景颇族民众具有很强的约束力。但因其不成文，是约定俗成的规范准则，因而缺乏一定的科学性、严格性。“通德拉”是在氏族家长制瓦解过程中逐渐演变形成的，一般由山官来执行，他可以用“通德拉”来处理百姓内部的纠纷，但山官本身不受习惯法的管束。这种山官和百姓之间在“通德拉”面前的差异性说明了景颇族社会内部已经存在了一定程度的阶级划分，但是在景颇族内部毕竟还没有专门为山官服务的法律、军队和监狱等国家机器，因山官一定程度上还是百姓中的一员，不能成为完全的统治者。新中国成立后，习惯法逐渐得到废除，但一些习惯性的规矩一直保留至今。如在春耕动土前必须献官庙才允许砍地、烧地和下种；户口迁入迁出必须得事先征得山官或寨头的同意，即迁入者要送山官一小筒酒，迁出者要象征性拔掉拴牛的木桩，称为“夺沙木脱”，表示

与该寨子脱离关系；借债故意不还引起“拉事”[①] 纠纷，债权人可拉走借债人家里的牛、猪等。按照习惯法的规定，一般不轻易判处死刑，但杀人者必须赔偿命金，即赔偿 8～10 条牛。酒醉误杀可从宽处理，通奸者被女方丈夫撞见则可当场杀死奸夫，习惯法判无罪，也不需赔偿。景颇族对偷盗者的处罚较重，一般按照四倍原价的原则赔偿。对违反公共利益的处罚也有相应规定。如不准买卖辖区土地，违者重罚；不准随便烧野火，否则要罚牛或猪一头等。对人身攻击者的处罚则用实物赔偿，如诬告别人偷盗，必须恢复名誉，赔偿“洗脸牛”。在日常生产、生活中，有的案件习惯法难以判断是非曲直，无法调查判明，便采用“神判”。“神判”亦属于习惯法，具有同样的效力。但由于具有浓厚的宗教色彩，故专制性不很突出。常用的神判方式有赌咒、鸡蛋卦、斗田螺、煮米、捞开水、闷水等。

第二节　迁徙中不断形成的瑰宝

一、万物有灵下的“鬼神”主宰

景颇族信仰万物有灵的原始宗教、崇拜自然和祖先。他们认为人有肉体和魂魄，而且可以分离，同样天地日月、山川草木、鱼虫鸟兽等万事万物也和人一样有实体和魂魄，并能作用于人，因此，鬼与人的吉凶祸福、生活生产有密切的关系。景颇族的鬼灵极其复杂，据初步统计，在景颇族的原始宗教中，鬼的数目有 130 多种。按照景颇族自己的划分，原始鬼灵分为天上的鬼和地上的鬼两类。天上的鬼包括太阳鬼（即“木代”）、月亮鬼、星辰鬼、风鬼、云鬼、雷鬼、雨鬼、

① 各族群之间或者本族群与外族群之间因利益或者某种原因而进行的械斗、冲突等。

闪电鬼、虹鬼（女）等。地上的鬼包括植物鬼、动物鬼和其他，如山鬼、水鬼、灶鬼等，在所有的鬼灵中以“木代鬼”和地鬼最大。在景颇族的信仰中万物的鬼魂也有善恶之分，有的造福于人，有的专门降灾祸于人，人们的生、老、病、死和生产能否取得好收成，六畜是否兴旺，身体是否健康都受到鬼魂的影响。因此，景颇族群众对鬼魂既崇敬又畏惧，并定期或不定期地杀牲献鬼。

景颇族认为，人的睡眠是灵魂暂时离开了躯体；认为梦是灵魂离开肉体遇到某种现象引起的；认为疾病是灵魂遇到不好的“鬼”，他将生病者的灵魂抓走而使其灵魂无法返回所致。景颇族在送魂的时候，扎制专作的“尸架”，象征着把死者的灵魂送走或者抬走。在景颇族的村寨，常常可以看到避邪之物，他们以此来除祛灾病，保护平安。景颇族习惯佩戴的项圈，不仅是一种装饰品，也是一种护身除病辟邪之物。

每逢遇到播种、收割、疾病、婚丧、械斗等大事，都要请董萨，杀猪、剽牛、宰鸡以行祭祀。例如，在砍伐森林、烧荒种地时，要先经董萨祈祷；为求高产，要求董萨敬献谷堆、豆堆谷物，要行“叫谷魂”仪式，以便将打谷时惊走的谷魂叫回来；新粮下来，要由主持农业祭祀的“纳波”先尝。有关农业的祭礼还有播种祭、祭地母、祭谷堆和太阳鬼、祭天鬼和风鬼等。祭天鬼仪式多为村寨集体祭祀，往往隔数年举行1次，祭期由董萨占卜决定，祭品根据不同地方或支系的差异而有区别。祭风鬼在每年春播与秋收时各祭一次，地点在田间。陇川地区的景颇族祭风鬼时祭品一般用小鸡1对、干鱼两对和米两包。

二、纵歌载舞向太阳——目瑙纵歌

景颇族崇信万物有灵魂，在他们的生活中目瑙纵歌是为了祭祀他们心目中最大的神灵——“木代鬼”（太阳神）而跳的舞蹈。目瑙，是

景颇族景颇语支语；纵歌，是景颇族载瓦支语。目瑙纵歌又称“总戈”，意为“欢聚歌舞”，数万人在瑙双、瑙巴的领舞下踩着同一个鼓点起舞，规模之宏大给人以极强的震撼力，是中国西部地区的民族最盛大的狂欢节之一，有“天堂之舞”、“万人狂欢舞”之美称。在云南省德宏傣族景颇族自治州内，每年的农历正月十五至十六，这里的景颇族民众都会举行景颇族最盛大的目瑙纵歌以祭祀景颇的“木代鬼”。

万人狂欢的目瑙纵歌　（赵吉兴摄）

关于目瑙纵歌的起源，民间有很多传说，有两种传说最为典型，一种传说是：有一次，太阳神派使者来邀请地球上的万物去太阳宫参加“目瑙纵歌”盛会，地球万物推举鸟类前往参加。“目瑙纵歌”结束后，鸟雀们返回的途中，来到了“康星央枯”原始森林憩息，看见黄果树上结满了熟透的果子，鸟雀们很高兴，效仿太阳宫的做法，举行了地球上第一次鸟类“目瑙纵歌”舞会。景颇英雄祖先“孙瓦木都”和“干占肯努”听到了消息，赶忙去观赏，顿时被百鸟热烈优美的歌舞所陶醉，决定把“目瑙纵歌”移植于人间，这才有了人类所跳的目瑙纵歌。从此以后，每年的这一天，人们穿上节日盛装，打木鼓、敲锣，竹笛、“洞巴”齐奏，汇集在舞场，排成长长的队伍，尽情地欢歌起舞。自从人们学会跳“目瑙纵歌”后，大家都渐渐富裕起来，生活过得很幸福。景颇人民为了祈求来年风调雨顺、五谷丰登、幸福吉祥，就将“目瑙纵歌”一代一代地传了下来。

另外一种传说是：在远古时期，天上突然冒出九个太阳，炙烤得大地如火炉一般，生存于大地的人类和动物几乎无法生存，为挽救大地，景颇族祖先派孔雀和犀鸟前往太阳宫。太阳王听了它们的陈述之后把多余的八个太阳收回，为了奖励它俩心系人间万物的苦心，太阳王盛情邀请孔雀和犀鸟参加天庭目瑙（景颇族称“章目瑙”）。孔雀和犀鸟虽然心中挂念景颇族祖先交代的任务和人间的苦情，但盛情难却，便参加了盛大的章目瑙，美妙绝伦的目瑙使它们很快融入其中。目瑙一结束，它们便迅速返回到大地，等它们回到大地后原来的灼热和人世间万物的疾苦一扫而空，取而代之的是绿绿葱葱、漫山遍野结满可口果实的大地。孔雀和犀鸟高兴得引吭高歌，叫来成千上万的鸟来分享甜美的果子，看到大家欢快的表情和幸福的笑容，它俩情不自禁地跳起目瑙来。其他鸟看见它们美妙的舞姿便也跟着一起跳，这就是传说中的鸟类目瑙（景颇族称“唔目瑙”）。群鸟的曼妙舞姿被上山砍柴的老者看到了，他深深为之所动，并将这个舞蹈牢牢记在心中，回去之后便向大家传授这个舞蹈，这就是传说中的第一次人类目瑙（景颇族称“圣景目瑙”）。景颇族是一个迁徙的民族，在大家都要离开寒冷的“木札省腊崩”之前，景颇族的所有先民和不同的部落举行了一次盛大的目瑙，表示对太阳神的祭祀以求大家平平安安，同时也为准备分散到各地的兄弟姐妹祈福，这就是“贡然目瑙”（分散迁徙前跳的目瑙）。在景颇族先民漫长的迁徙途中，他们跳了无数次目瑙来表示对太阳王的尊敬和对幸福生活的追求。每当目瑙开始，景颇族先民便翩翩起舞，美丽的歌声和欢快的舞姿带走了他们迁徙中的辛劳和疾苦。随

着社会的变革和历史的发展，景颇族出现了阶层的分化，贵族即后来的山官逐渐在景颇族中出现。于是出现富贵家族的目瑙，通常反映贵族势力的目瑙叫“苏目瑙”，富贵家族祭祀时跳的目瑙叫“祝目瑙”，富贵家族在老人去世时，为了祭奠亡灵跳的目瑙叫“息目瑙”，仅仅富贵家族就有 12 种目瑙。20 世纪 50 年代初，部分地区举办过规模较小的目瑙，但没有明确的名称记载。改革开放后，为了歌颂党、歌颂祖国、歌颂社会主义取得的新成就，景颇族摒弃旧时的繁文缛节，统称各类目瑙为“统肯（传统）目瑙纵歌”，这既满足了景颇族民众的心愿，又传承了优秀的民族文化传统。

如今，每逢“目瑙”节日，各个村寨的景颇人身着盛装，兴高采烈地从四面八方涌入目瑙广场，广场上人山人海，非常热闹。在每次盛典举办之前，景颇族中有威望的人士和熟知本民族文化的有识之士便按照景颇族的传统和习惯选择一块广阔、平坦的场地作为目瑙的场所，日瑙开始前，他们会根据原来的仪式在舞场中央竖立 4 根目瑙柱，每根柱上都画有精美而富有象征意义的图案，正中间交叉着两把长刀和宝剑。紧靠目瑙柱是两座奏乐高台，围绕高台的木桩上挂有各种乐器，如铓锣、象脚鼓等。以目瑙柱为中心，用竹片等围成一个圆圈，来自四面八方的景颇族人民和其他民族的客人在“瑙双”和“瑙巴”（均为领舞者）的率领下踏着铿锵的鼓

瑙双、瑙巴　（赵吉兴摄）

点，伴着豪壮的乐声翩翩起舞。舞场一般可容纳数万人，他们可以持续10多个小时尽情歌舞。

随着时代的发展，目瑙纵歌节已成为景颇人民欢庆丰收的民族节日。目瑙纵歌被称为“万人之舞”，不仅具有悠久的历史传统和广泛的群众性，而且集中表现了景颇族的历史起源、宗教信仰、道德观念、音乐、舞蹈艺术和文化艺术特点，是研究景颇族社会历史，以及民族学、民俗学的最好的活的材料。陇川县是国内景颇族人口最多，目瑙纵歌传承最为完整、规范且最具景颇族代表性的地区。如今每到目瑙纵歌的节日，陇川县境内的景颇族家家户户身着盛装，男的无论大小都带着筒帕和佩刀，女的穿上银泡衣，缠上红筒裙参加喜庆盛大的目瑙纵歌。

三、跳跃在神圣与悲喜之间的音符

舞蹈是景颇族生活的重要组成部分，他们高兴的时候跳舞，悲伤的时候也跳舞，舞蹈能表达他们心中的激动，也能消散其心中的愁苦。在景颇族的日常生活中他们用音乐进行社会交往、进行情感交流，男女之间“干脱总”都要对歌。景颇族音乐包括声乐和器乐两种。根据学者的进一步细分，景颇族民间音乐可分为劳动的歌、歌舞音乐、说唱音乐、祭祀音乐、民间器乐五类。①

景颇族在劳动生产中创造的歌曲非常多，这些歌曲是景颇族人民在劳动中产生，并经过艺术加工而形成的，景颇族的劳动生产歌曲主要有山歌（景颇族称“恩准”）、舂米歌（景颇支称“芒图瑞鲁”，载瓦支称“谷筒直”）、摇篮曲（景颇支称“麻石约”，载瓦支称“左彪”）。歌舞音乐有“哦日阿”，景颇支称“目瑙哦日阿”，载瓦支称“纵歌哦

① 丁国美．德宏景颇族的民间音乐及发展对策．民族音乐，2011（5）．

热”，它主要用于景颇族“目瑙”歌舞盛会中，节奏鲜明，旋律高亢热烈。说唱音乐有木沾调、勒来调。祭祀音乐有斋瓦调。民间器乐有古器乐、簧管乐、口弦、打击乐器、笛子等。古乐器多为管乐器，如努桂、特任、比唇等都是景颇民族最古老的一类乐器。口弦是景颇族妇女吹奏的乐器。另外，还有木鼓、铓、锣、象脚鼓等打击乐器，基本上由傣、汉族传入，用于作战或祭鬼时制造气氛。簧管乐器统称为商比，因功能不同，又分为比作、比格、比切、巴扎、盏史等几种，旋律富于变化，音色细而柔美，其中巴扎和比切最具景颇族特色。笛子是景颇族民间传统音乐的代表，最具景颇族特色的笛子是图良，即单孔笛，这种笛子因只有一个孔，因此吹奏方法独特，传说是年轻男子因恋人被老虎吃掉，在打死老虎后，无法抑制心中的苦痛而创造的乐器。

吹图良的景颇族老人　（赵吉兴摄）

音乐是景颇人民生活中密不可少的一部分。人们热爱音乐，无论是生老病死，还是神圣的祭祀，或者田间劳作，都会载歌载舞，音乐还原了生活本身，并升华了艺术本身。以下是景颇族的几种代表性的歌曲简介：

1. 劳动生产的歌曲。

“恩准”就是景颇族的山歌，开头一般为长音，是景颇族先民在采集和狩猎过程中招呼同伴时发出的声音，通过后期的发展形成一种音乐的格调，后来演化为景颇族民众在野外演唱的歌。这种歌略微带有哀怨和忧伤，据学者研究可能与那时的疾苦生活有关，从整个歌曲中仍可以听出大西北草原风格的环境痕迹。这也在一定程度上验证了景颇族从“木札省腊崩”迁徙过来的民间说法。“恩准”现在主要是男女之间在谈恋爱的时候对唱的歌，也是男女抒发自己心中的相思之情的歌曲。

“芒图瑞鲁”，景颇支称“芒图瑞鲁”，载瓦支称“谷筒直”，又叫舂米歌，是景颇族在生产生活中形成的歌曲。进入农耕后，景颇族先民们两手握着舂棒舂谷成米，在舂米的劳动中自然产生一种旋律，随着舂米的自然节奏，经艺术加工融进一些韵律和语言，逐渐形成了富有特色的歌曲。这种歌曲节奏鲜明、优美动听，有时是一人唱衬词做节奏，一人唱旋律，有时又都是唱旋律或都是唱衬词。这种歌一定程度上反映的是劳动人民对劳动的热爱，同时洋溢的是景颇人民看到丰收后的喜悦之情。

“麻石约”，景颇支称“麻石约”，载瓦支称“左彪”，汉语叫摇篮曲，是母亲哄孩子睡觉时自然产生的哼曲，后期经过艺术加工，伴随着母亲哼曲的节奏融入一些语音、格调而形成。它营造的是一种幽静恬美的意境，表达的是厚重的母爱和母亲的喜悦以及期盼自己孩子快快入睡。

春米节上欢唱春米歌　（赵吉兴摄）

2．叙事歌曲。

“木沾”调是一种长诗调的叙事歌，每当进入秋收以后，景颇族山寨许多家庭开始建盖房子。搬进新房子那天，主人请来董萨，董萨以说唱的形式演唱“木沾”调。“木沾”调是以讲述故事的形式用固定的曲调来演唱“进新房歌”，对搬进新房的主人送上诚挚的祝福。歌曲里追述了景颇族祖先是怎样学会盖房子的，对喜庆和欢乐场面进行了生动的描绘。

“勒来”调也是一种长诗调的叙事歌，一般分为季节歌、迎春歌、结婚歌、贺新房歌，根据其内容的不同而有不同的名称。

3．歌舞音乐。

“哦日阿”调是每当景颇族的先民打回野兽、打仗胜利或庆贺时，围着火塘跳舞发出的声音，“哦日阿”本身没有什么意义，后来演化为“哦日阿”调。这也是目瑙纵歌中边唱边舞时的“哦日阿”歌，在“目瑙纵歌”节上成千上万人在热烈高亢的音乐声中歌唱“哦日阿”歌，场面恢宏，气势磅礴。

四、目瑙斋瓦

“目瑙斋瓦”指的是“吟唱史诗的歌”，它是一部以口头传承形式记录景颇族繁衍生息的创世史诗，既是景颇族的百科全书，也是一部诗歌体的文学巨著。在一些大型的祭祀活动上，《目瑙斋瓦》都要被吟唱，而且由专职的斋瓦来完成。斋瓦既是景颇族的最高宗教人士，又被描述为吟唱史诗的歌手。按照李向前先生的说法斋瓦不仅要有超强的记忆力，而且是景颇族中最能干、聪明的人，他们不仅能说会道，而且歌喉要特别好，与此同时，还要是掌握本民族历史、文化、诗歌和医术等知识最多的人。因为他们的职责是要传承本民族整个发展的历史《目瑙斋瓦》，《目瑙斋瓦》内容庞杂，如果没有超人的记忆和唱功的话，《目瑙斋瓦》的所有内容将无法传承。

《目瑙斋瓦》是由景颇族先民创立的、口头传承的诗歌体文学巨著，其音韵格律对仗整齐，语言优美抑扬平整。它从景颇族的祖先开天辟地开始唱起，以优美的神话故事形式，记载了景颇族人民从远古到现代的起源、发展、迁徙、演变、分化的整个过程。全书大致可分为七大部分：天地的形成、制伏天地、孕育人类万物、宁贯杜瓦平整天地、洪水淹天的时代、宁贯杜娶龙女与族系、对生产生活的生动描写等。[①] 令人惊讶的是在《目瑙斋瓦》里，景颇族的先民早已提出人与自然和谐相处、阴阳互相作用而产生生命的观点，这与我国传统的阴阳论有异曲同工之妙，按照时间的推算，这一论断的提出可能比老子还要早。

---

① 李向前收集整理．目瑙斋瓦．德宏民族出版社，2007.

2010年《目瑙斋瓦》经中华人民共和国国务院批准，由文化部确定并收录第三批非物质文化遗产名录，至此《目瑙斋瓦》正式成为中华民族文化发展历程中的瑰宝之一，这不仅是对景颇族劳动先民集体智慧的肯定，也是对无数为景颇族传统文化不懈努力的学者的一种回馈。

第三节　风俗习尚

一、山环水拥筑雅居

景颇族是一个山居民族，其村寨多建在海拔两千米左右的温暖湿润的山区，一般二三十户聚族而居，房屋多建于靠水源的山坡或山脊。其选址十分讲究，一般选择既有茂林修竹环绕左右，又有清流小溪从中经过的地区。他们在盖竹楼时十分注重对地基的选择，一般选在山梁两边平缓、背风、向阳的山坡和有水的地方，这样便于生产生活，而且视野开阔，一旦受到侵害时能够及时采取措施。

选择地基对景颇族来说是很重要的一件事，他们认为地基选择得好，就会风调雨顺、五谷丰登，如果选得不好不仅六畜不旺，而且会影响主人的身体健康。因此，选地基时他们通常会请董萨等通过一定的仪式来选择，通常采用的方法有“以米试地”、“以水试地”和“以梦试地”等。景颇族居住多为竹木结构的茅屋和瓦房，茅屋呈长方形，多为草顶竹楼，一般有上下两层，楼上住人，楼下饲养牲口，屋顶成“人”字形，上有茅草或瓦片覆盖，倾斜度大，排水性能好。这种建筑夏天凉爽，不会很潮湿，而且取材方便，很好地适应了当地温暖湿润的气候和环境。

传统的景颇族竹楼　（李灿松摄）

景颇族房屋建造复杂，归结起来大致有两种：一种房屋没有楼，直接在宅基里建房，另一种是设有楼的房屋，但楼不高，只有一米五六高。古代的房屋，其特点是房间多，柱子大，放两道大门，一道小门，用料多，顺山梁子靠侧边盖，住房伙房一体。屋顶呈“人”字形，前院在房屋的前端，后院在房屋的另一端，两端都有门（大门），房屋朝阳方向正中间有一道小门，此门不常开，是神灵守护的门。房间分成两半，中间为走廊，来往亲朋从前院进家，后院大门外人不得随意出入。房间的安排，从前院左边起第一小空间安放水桶，第二间为青年男女娱乐地方，第三间为已婚儿子的房间，第四间为大堂屋（相当于两间的位置），堂屋与后院进门的右角落设有祭祀宗族的神架。右边第一间安放杂物，第二间安放谷囤，第三间为女儿们的住处，第四间为伙房，第五间为父母住处。前院空间大，为日常生产生活的重要场所，舂米用的堆窝以及妇女织筒裙、织筒帕都在前院。后院比较窄，一般不安放任何杂物。到了现在，大量的景颇族也在坝区居住，因此，其建筑风格也有较大的变化，但其基本的大的框架没有太多变化。

在宽敞淡雅的景颇民居中的年轻男女们 （杨永明摄）

二、竹筒飘香米酒醇

景颇族的饮食可以用“竹筒飘香米酒醇”来形容，由于景颇族村寨周围竹子较多，因此，对于景颇族而言，竹子用途甚广，既可以用以修建房屋居所，又能制作竹筒饭和竹筒茶等。景颇族的饮食与傣族等民族比较相似，但是有自己独特的一些做法，如竹筒煮鱼、舂菜等，酒更不用说，是不可或缺的。

竹筒饭，又名香竹饭，是景颇族家庭中最常见的饭的做法，其做法简单易行。先选取一段竹子，从有节巴的地方砍断，然后把泡好的米装入竹筒内，加入适量的水，用鲜叶把口封住，放在火上烧烤，直到竹筒表面烤焦，即可食用。当破开竹筒，米饭和竹子的香气四溢，既有香竹之清香又有米饭之芬芳。

受传统习惯和自然条件的影响，景颇族在做鱼时形成一些独特的制作方法——竹筒煮食法。其具体做法有两种：一种是煮食法，把鲜鱼或鲜肉放进竹筒里，放上少许水和佐料在火上烧，等竹筒外皮烧黑，即可吃。另一种烧烤法，可以细分为两种烧制的方法：一种是用竹签将肉或鱼插着，抹上盐巴、辣椒等佐料，放在火塘上烤，这与大众的做法没有太大的区别；另一种是用芭蕉叶或枇杷叶把鲜鱼或鲜肉拌上佐料包好后埋入火塘的灰中烤，烤熟后即食用，当打开烧焦的叶子后，叶子的清香和鱼的香味扑鼻而来。这种做法肉质鲜嫩、可口，色泽鲜美，并带有淡淡的芭蕉叶或枇杷叶的香味。

除了以上的特色之外，景颇族还有一道非常特别的菜，那就是舂菜。景颇人常说："舂筒不响，吃饭不香。"去过景颇族的村寨就知道，几乎家家户户都有舂筒，每顿饭都离不开舂菜。舂菜用一节竹子做筒（直径在5～8寸），用木棒在竹筒里捣，当捣到原料和菜基本入味后便可食用。野菜、野果、瓜、豆、干巴、干鱼、虾等都可做舂菜原料，豆豉、大蒜、芫荽、葱、姜、辣子、芝麻、花生、核桃等做佐料，佐料越齐全，味道越鲜美。舂菜原料一般都可生吃，如果加鱼肉、虾、黄鳝等要先用火烤熟。

陇川地区景颇族的特色宴席——绿叶宴　（赵吉兴摄）

景颇族的饮料主要有米酒和水酒，其次是竹筒茶。景颇人常说："不喝酒，就不能讲故事。"景颇族的酒基本上是妇女酿制的，新娘到婆家做的第一件事就是酿酒，旧时有些新娘因不会酿酒或者酿不好酒，甚至造成婚姻悲剧。在景颇族不论男女老幼，不论是赶摆，探亲访友、杀牛祭鬼，还是红白喜事，他们的筒帕里总是放着一个小巧的竹制"顶壶"（小酒筒），遇到亲朋好友便各自拿出"顶壶"传递给对方。接"顶壶"者倒出一杯酒来，首先要给在场的年长者喝，再给传递者喝，然后，彼此都共同喝一口，表示以礼相待，彼此尊重。景颇人认为不用酒待客是不礼貌的。

三、钟情于银饰下的黑白配衬

景颇族服装的颜色以黑、白、红三色为主调，其他颜色做搭配色，服装整体色彩艳丽、搭配和谐，风格华丽豪迈。景颇族服饰多装饰有银器，并多与黑色配套。景颇族的景颇、载佤、喇期、菠莪等支系的男子一般着黑色对襟短衣，裤腿宽。老人留辫子缠在头顶上，裹以黑布包头，青年喜裹白色包头，头巾两边装饰有彩色小绒球，外出时必挂筒帕和长刀。景颇族女子多穿着黑色对襟上衣，下着黑红相间的筒裙，用黑色布条缠腿。节日喜庆时，姑娘们的装束更为精美艳丽，上衣前后及肩上都有很多银泡泡、银片，颈上挂六七个项圈或

景颇族女子的服饰　（杨永明摄）

一串银链子和银响铃，耳朵上戴比手指长的银耳筒，手上戴一对或两对粗大的荆花银手镯，走起路来不时发出叮叮当当的悦耳声，甚是迷人。许多妇女还爱好用藤茨编成藤圈，涂以红漆、黑漆，围在腰部，并认为藤圈越多越美观，当然这些藤圈还有一种功能就是可以驱鬼避邪。景颇族妇女的筒裙基本上是自己编织的，用毛线织成的筒裙是她们艺术才能的集中体现。筒裙用羊毛线织成，多为黑底，少数是红底上面再用红、绿、黄、蓝、紫毛线织出精细的图案。图案有瓜果种子、草木花儿、飞禽脚印三大类。由三块拼成的筒裙，围在腰上的那面必须是黑毛线的，不能倒过来围。由两块拼成的筒裙，上下都有花纹，可以倒过来围，不讲究哪边在上。打开的筒裙呈长方形，可以披在身上御寒，还可以当被子盖。

四、淳朴与似火的好客之情

景颇族是淳朴、直爽、热情、好客的民族，在他们的心目中客人能进自己的家门是对自己的尊重和肯定。景颇族有句俗语叫：“只有打狗的棍子，没有赶客人的道理。”只要有客人来，都会受到热情的招待。客人一般会带上见面礼，礼品无所谓贵重，酒、肉、糖果、土特产等均可。吃饭的时候，主人会客气地给客人说“请帮吃”，酒筒、烟盒也都传递给你，以表尊重客人，客人要一一品尝，并尽可能回敬，表示不分彼此。但在吃饭时，做饭的妇女不能与客人一起进席，而是在一边等着为客人盛饭添菜。现在这种习俗已经很少，除非在偏远的乡村。景颇族朴实好客，嚼烟丝和饮酒是景颇族向客人表示友好、尊重与礼貌的方式。到景颇族人家做客，或路遇景颇族，他们常常从随身的筒帕中掏出竹制“顶壶”和烟盒、烟包递给客人。客人若不抽烟、喝酒，应非常有礼貌地加以谢绝。如果有几个人一同到景颇族人家，主人一般不亲自一一敬酒，而是把酒筒交给看上去年纪较大的长者。

如果把酒筒交给了你，说明把心都交给你了，意思要你代表他的心意，给大家敬酒。如果客人想要留宿，男客人一般会被安排在客房，女客人则被安排在火塘边。离别时，要有礼貌地告辞，以示感激之情。

景颇族绿叶宴　（赵吉兴摄）

第三章

逐步壮大的景颇族人口

人口的再生产是人类进行社会生产的重要基础，而人口规模是一定时期特定区域内某一族群人口的数量。人口规模的大小对于衡量人口的变动和人口未来的发展具有重要的作用。一定程度上，人口规模是人口变动的基数，如果不考虑其他要素的话，某地区或者某个族群的人口规模的大小则意味着该地区或者该族群人口变化的具体情况。按照人口增长的规律，如果一定区域内的人口规模较大并且青壮年人口占总人口比重比较大的情况下该族群处于增长型阶段，如果在人口规模较大但是老年人口占总人口比重比较大的情况下该族群处于衰退型的阶段。人口的变动有自然的变动、机械的变动和社会的变动，影响人口变动的因素很多，但是生育率和死亡率是人口自然变动的重要因素。

第一节　人口规模有多大

一、人口规模及其历史变动

人口规模及其变动是历史和现实中客观存在的一种重要的社会现

象，对过去、现实和未来的社会经济发展和人口再生产过程都有重要的影响。景颇族的人口规模以及其变动受到了自然条件、经济、社会、生产力发展以及人口政策等因素的影响，其人口在不断发展和壮大。从人口规模现状来看，景颇族人口大致处于增长型的人口发展阶段。根据2010年第六次全国人口普查数据显示，德宏州的景颇族人口已达到了134 373人，占全国少数民族人口总数的0.118%。在这里我们主要介绍景颇族人口的规模变动以及发展的情况，所用的数据是六次人口普查所得资料。

（一）历史人口发展概况

景颇族历史悠久，是我国55个少数民族成员中的重要一员，同时又是我国主要的“直过民族”[①] 之一，其社会经济发展比较缓慢。在新中国成立以前处于原始社会，而且主要居住在德宏，腾冲、勐海、耿马等县只有少量的分布。由于生产力水平低下，经济文化落后，再加上战争、疾病、自然灾害等原因，景颇族人口数量增长极为缓慢，且波动性很大。因此，从明末清初大规模的迁入之后到新中国成立之前，景颇族主要聚居区德宏的景颇族人口基本处于自然增长的阶段。

（二）新中国成立以后景颇族人口总量的变化

新中国成立以后，景颇族建立了人民公社，人们的生产积极性得到提高，新的社会生产关系适应了生产力的发展，社会经济得到了极大的发展，人民生活水平也不断地提高。再加上党中央制定了一些促使少数民族发展和稳定的民族政策，极大地推动了少数民族地区人口数量的发展，景颇族也在这一时期得到了迅速的发展。

1. 人口总量及变动规模。

新中国成立以来，景颇族人口迅速增长。从景颇族与全国人口增

---

① 新中国成立以后，未经民族改革，直接由原始社会跨越几种社会形态进入社会主义社会的民族。

长的纵向对比看，全国第二、三、四次人口普查时景颇族人口分别为57 762人、92 976人、119 276人，到第五、六次人口普查时则分别为130 212人、147 828人。在1964～2010年的46年间，景颇族人口净增90 066人，增长率为155.9%，远高于全国总人口的平均增长速度。

从1953～2010年景颇族人口变动的横向对比也可以发现，景颇族人口发展迅速，其每一阶段的增长都在100以上（1964年除外，由于处于特殊时期），其中1964～1982年年平均增长率为339%，1982～1990年达到354%。在1964～2010年46年时间里，景颇族人口总数突破14万大关，占到全省总人数的0.31%。

通过将景颇族人口与云南省特有的15个少数民族人口增长情况进行比较的结果中我们可以看出，新中国成立后，景颇族人口增长居于中上水平。从1964～2010年的增长速度来看，景颇族位居少数民族中的第8位，其人口增长的速度仅次于基诺族、阿昌族、布朗族、普米族、德昂族、哈尼族、傈僳族人口的增长速度。

从以上的比较可以发现，作为云南的“直过民族”，景颇族从新中国成立到现在人口数量迅速增长，人口规模不断扩大。

2. 人口增长的阶段性。

在1953～2010年46年间，景颇族人口总量增长可以分为四个阶段，各阶段人口增长及具体特征如下：

第一阶段：负增长阶段（1953～1964年）。总人口由102 811减少到57 222人，是三个阶段中人口负增长时期，与同期全国总人口和少数民族人口增长速度相比，远低于全国总人数和少数民族的增长的平均水平，这与当时总体的特殊社会环境有较大关系。另外由于景颇族是“直过民族”，人口基数本来就比较小，同时景颇族基本生活在相对贫瘠的山区和半山区，因此其人口增长相对低于其他少数民族的增长水平。

第二阶段：人口飞速发展时期（1964～1982年）。云南景颇族人口由57 762增至92 976人，净增35 214人，年均增长率为3.4%，是三个阶段中增长人数最多的时期，而同期的全国总人数年均增长率为2.7%。这一时期，社会主义经济建设基本恢复，整个时期处于计划生育还没有实施阶段，因此人口增长相对而言是最快的时期。

第三阶段：人口持续快速增长阶段（1982～1990年）。总人口由92 976人增至119 276人，净增人口26 300人，年均增长率为3.5%，基本与第二阶段持平。但同期的全国平均增长速度仅为1.2%。同时，人口规模比1964年翻一番，在这一阶段虽然实施了计划生育，但是由于前一个阶段的人口基数较大，人口增长的惯性导致这一时期的人口增长与上一个阶段基本平衡。与上一阶段不一样，这阶段虽然实施了计划生育，但是人口仍然飞速增长，这也是为什么与前一时期基本增长情况相同，但是没有列为同一阶段的主要原因。从全国平均增长率来看，这一时期全国平均增长率比上一阶段大大降低。

第四阶段：人口稳步发展阶段（1990～2010年）。由于1990～2000年和2000～2010年两次人口普查的年均增长率以及全国人口年均增长速度基本一致，没有太大的区别，因此我们把这一时期划为同一个阶段。这一时期，总人数由119 276人增至147 828人，净增人口28 552人，年均增长率为1.2%，与同期的全国人口年均增长速度（1.02%）大致相等，虽然社会经济迅速发展，但是受到计划生育的影响，人口惯性已经不太大，同时由于社会的发展和医疗卫生条件的改善，这一时期基本属于人口稳步增长的时期。

二、未来的景颇族人口

人口的变动是一个持续变化的复杂过程，要想明确未来景颇族有多少人口是个十分艰巨的任务，这主要是因为人口的变动受到各种各样的因素的影响。这些因素不能完全为我们所掌握，有时候即使我们掌握了这些因素，也可能由于某种因素的作用的差异就会引起较大的变化。但是根据人口学研究的一些成熟方法可以对景颇族人口的变化进行大概的预测。

（一）景颇族人口规模的变化

我们运用专业的软件，通过成熟的方法预测，发现景颇族的人口规模在未来 30 年左右将一直持续上升，人口总量将从 2010 年的 147 828人增长到 2043 年的 177 193 人，假设总人口的增长按照几何指数增长的规律变化，其年平均增长速度大约为 0.55%，到了 21 世纪 40 年代中后期，总人口数量将会有所减少。到 2060 年的时候，总人口数量可能退回到 169 142 人。因此我们在制定生育政策的时候应该考虑到景颇族人口的未来变化趋势，40 年代以前，尽管少数民族的生育政策有所宽松，但是考虑到人口增长的惯性，民族人口的控制也不可以有松弛，否则将会导致不可预料的后果。而到了 40 年代以后由于人口进入了负增长阶段，作为少数民族计划生育政策可以考虑适当给予宽松，因为人口的负增长同样具有正增长一样的增长惯性。

（二）景颇族年龄结构变化

年龄结构是人口重要的自然结构之一，年龄结构的变化对人口变化的影响至关重要。2010 年普查时，景颇族的年龄结构还比较年轻，老年人口数量很少，20～35 岁年龄段的人口占很大比重，60 岁以上人口占的比例较小，0～14 岁的少年儿童人口比例也较大，此时的人口属于增长型的人口结构，人口金字塔底部宽上面窄。从预测结果来看，每过 10 年人口金字塔的形状变化特别明显，如从 2020 年开始，每过 10 年各个年龄组人口数量占总人口比例最高的年龄组一直在往高龄组移动。

到了2040年，将呈现劳动力人口的高龄化趋势，这可能对经济结构和职业结构造成深刻的影响，因为有些职业是需要大量的年轻劳动力才能胜任的，建筑业就是其一，因为建筑业特别是高空作业的工程对年龄要求提出了限制。虽然年龄到了50～54岁的人群已经面临着退休或者是退出家庭骨干劳动力的角色转变时期，但是随着人口平均预期寿命在不断延长和身体健康素质的提升，即便到了50岁以及更高年龄的人群仍然被鼓励继续参与一些社会活动，主要是一些比较灵活的就业方式，因此，劳动力年龄结构的老化对经济结构的调整与优化提出了一个新的挑战。

景颇族男人　（王琼摄）

2040年以后，景颇族的人口结构将发展到衰退性的老年型人口结构，到2044年景颇族人口将进入负增长阶段，2050年的总人口规模可能在17.5万人左右。

（三）景颇族人口性别比结构变化

性别比结构是反映总人口中性别的平衡程度，具体计算公式为男性人口数除于女性人口数，再乘以100。景颇族的性别比结构2010～2055年都是低于100，也就是说景颇族人口的男性比女性少，到2056年以后将会大于100，到2060年景颇族人口的性别比才基本达到平衡。

值得注意的是，虽然景颇族人口的性别比处于不平衡状态，但这种不平衡和目前中国很多汉族地区性别比不平衡却是相反的，是另外一种不平衡现象，即女性人口数多于男性人口数。这里主要的原因是景颇族在过去原始社会是一个母系民族社会，她是从原始社会直接过渡到社会主义社会，由于母系民族的文化影响，景颇族没有重男轻女的思想。从预测结果显示来看，景颇族的总人口性别比将会不断上升，并趋于平衡，性别比的平衡将有利于人口结构优化。

（四）景颇族人口红利预测分析

人口红利是指当劳动力年龄阶段（15～64 岁）的人口数占总人口数超过一定比例，国际上一般认为当劳动力人口占总人口比例超过50%，即可认为进入人口红利时期，但也有人认为，当老龄化相当严重的时候，60 岁及以上人口占总人口的比例超过 10%，社会抚养负担会加大，也不一定真正兑现人口红利，人口红利只是一种潜在的优势，我们只有把这种潜在的优势转化为现实的条件，比如，如何安排给具有劳动能力和劳动意愿的人口合适的工作岗位，这才有利于人口红利的兑现，否则人口红利只是一种虚假的红利。

从预测看，景颇族的劳动力人口在 2030 年之前都在增长，形成了人口红利机会窗口，但机会窗口刚刚开启，由于此时的总抚养比较高（即少年抚养比和老年抚养比的总和），社会的抚养负担比较大，不利于收获人口红利，到了后期，总抚养比有所降低了，才有利于兑现人口红利。景颇族人口在 2020～2035 年这段期间是兑现人口红利的最佳时期，因此我们应该在人口红利期间创造更多的就业机会，以保证景颇族劳动力能充分就业，促进民族聚居地区的经济持续发展。

三、人口规模是怎样变动的

人口的发展是一个动态变化的过程，在不同的时期，由于受到自

然条件、自然灾害、社会经济、政治军事、科学技术和人们的思想问题等的影响，人口也在发生着不一样的变化。在景颇族人口规模变动的历程中影响景颇族人口总量变化的因素多种多样，在不同时期，各种因素所发挥的作用也不尽相同。景颇族人口在不同时期的发展与当时所处的特定的自然环境和所处的历史时期的特征有几大关联。从总的趋势来看和影响因素的类别来分析，新中国成立以来，影响景颇族人口总量增长的主要因素有以下几个方面：

第一，统计规范与自然灾害。主要有两个方面，第一个方面是1953年第一次人口普查时，中国少数民族的划分、归类尚未统一，景颇族聚居区地处偏远之地，人口的普查还未规范到位；第二个方面是由于在1960年代初期，整个中华大地经历了一场空前的饥荒和前所未有的自然灾害，因此，景颇族人口变化才出现大幅度下降。

第二，社会经济的发展，居住环境的改善。新中国成立至20世纪60年代，景颇族人口增长速度低于汉族，主要是由于景颇族经济文化相对落后于汉族地区，医药水平不发达，导致了婴儿死亡率很高，造成了自然增长率低。新中国成立以前，景颇族处于原始社会后期的农村公社，生产力极为落后；20世纪60年代之后，这种贫穷落后的面貌得到了根本的改善，经济文化和医疗水平的发展使得死亡率大大下降，从而使人口出生率大大上升。

第三，人口年龄结构、性别构成、社会构成（职业构成、文化教育构成、婚姻家庭构成、阶级构成、民族构成和种族构成等）的变化都对人口的增长有重要的影响。对于景颇族而言，随着其进入社会主义社会之后，人口的年龄构成特别是其社会构成发生了翻天覆地的变化，这在很大程度上影响了其人口的增长。2010年的六普数据显示，在分年龄阶段的人口中，14岁以下的人口占总人口比重的24.43%，超过任何年龄阶段的比重。同样在景颇族职业构成的变化中，2000年景颇族在二、三产业的人口比重约总人口的10%，到2010年，比重增加到17%左右。从这些指标和数据中可以看到景颇族人口的增长与这些因素有较大的关系。14岁以下的人口占景颇族总人口的比重较大是人口迅速发展的原因，而景颇族人口职业构成的变化是景颇族人口由飞速发展向稳步发展过渡的主要原因之一。

第四，计划生育政策以及政府特殊的民族政策的实施。在外部条件确定，人口机械增长不是太明显的条件下，人口的增长主要受到自然增长的影响。随着新中国的成立，景颇族大规模的迁徙已经基本不存在，因此这一时期，自然增长成为人口增长的核心动力。此外，由于景颇族地处边疆，因此政府在实施计划生育政策时，相对于汉族聚居区，景颇族的计划生育实施得比较晚，在政策要求上相对于汉族聚居区也比较宽松。在边远或者极少的少数民族有的可以生二胎以上或者不受限制，因此景颇族人口的增长一直高于汉族聚居区和全国平均水平。除此之外，新中国成立以后，考虑到民族地区的特殊性，国家实施了一系列的民族政策，并逐步实施对民族地区的开发和发展，注重加强少数民族地区社会经济的建设，着力改善民族地区医疗卫生条件，这些措施在很大程度上为人口的增长提供了极为有利的条件，这也是景颇族人口规模不断扩大而且增长速度比较快的重要因素。

第五，农村人口占总人口的比重极大。景颇族聚居区为我国西南边疆地区，与此同时，景颇族又是“直过民族”，因此，从新中国成立到如今，景颇族城市人口占总人口的比重相对较低，绝大部分的人口都居住在农村，这就在一定程度上造成了景颇族人口的一直增长。

第二节　生育传承希望

一、生育模式和生育水平

生育模式和分年龄组的生育水平一样，可以用来反映生育水平在不同的年龄上的表现，分年龄组生育率是用绝对数量表示生育水平，而生育模式是用相对量表示的生育水平，由于生育模式是一个标准化的指标，因此，相对于分年龄组的生育率，生育模式更能反映不同地域或者是不同时期生育水平在不同的年龄组分布的差异。

2010 年第六次全国人口普查数据显示，景颇族的育龄妇女生育年龄主要集中在 20～24 岁，占整个生育的 38.3%，其次是 25～29 岁组，占整个生育的 33.4%，再次是 30～34 岁，占整个生育的 13.9%，最高年龄组和最低年龄组生育所占的比例都很小，均不到 1%。而同一时期云南省的育龄妇女的生育主要集中在 30～34 岁组，占整个生育的 61.76%。

二、生育状况

景颇族人口主要聚居在云南省德宏傣族景颇族自治州、自治县，其主要聚居地均属边疆县和执行边疆计划生育政策的县，因而，景颇族大部分人口生育政策方面相对宽松。从景颇族 2010 年的相关数据可以看出，在五普期间，各民族政策外生育的现象已经很少。从 2010 年云南省人口普查资料中的数据可以看到，景颇族三孩次以上的育龄妇女的人数已经较 2000 年大大减少，2010 年全省仅为 25 人。不仅如此，从景颇族生育模式中可以看出，景颇族结婚普遍都比较早。

三、未来景颇族年度出生人口的变动

基于2010年中国第六次人口普查数据，对中国2010～2060年的景颇族人口进行预测，发现景颇族人口年度出生人口在未来主要的变化趋势有以下的特征：

2010～2060年，年度出生的婴儿呈逐渐下降的趋势，到2027年景颇族人口基本出现了第一个低谷，年度出生率为1851人，这一时期恰好是人口老龄化迅速增长的时期。在2027～2037年，人口出现了较小的人口波动增长期，出现10年左右时间的人口小波动源于这一时期恰好是景颇族20～24岁年龄段的人口短期增长的原因造成。此后，进入2035年后，景颇族的人口又进入持续缓慢下降的趋势，这一时期景颇族人口中的老龄人口迅速上升，景颇族人口进入人口衰退的阶段。而从景颇族人口出生性别结构基本情况来看，其景颇族出生的男孩的比率一直高于女孩，到2060年才基本平衡，但是总体来看，景颇族人口性别结构50年来基本没有超出正常值的范围。

第三节　生命的回归

一、粗死亡率

粗死亡率也叫总死亡率，简称死亡率，是指一定时期内（通常是一年）某地区死亡人数与平均人数之比。它反映了特定时期内在一定范围的区域的人口死亡强度，同时也是特定时期内在一定范围的区域的全部人群受到死亡威胁的统计量。粗死亡率的高低受很多因素的影响，它与该区婴幼儿比例及人口性别比例有一定关系。因此，在比较景颇族不同时期粗死亡率时，我们综合考虑了景颇族性别、年龄等

因素。

（一）新中国成立前高死亡率阶段

新中国成立前，景颇族长期生活在边远偏僻之地，与外界联系相对较弱，医疗卫生条件比较差，生产能力和获得生活资料的能力相对较少。农耕和狩猎结合的生产方式在其生产生活中占据重要的位置，日常收获的农产品基本不能满足本民族人们生活的基本需求。与此同时，景颇族聚居区多为温暖潮湿地区，其生活的环境容易滋生细菌而且地方病——疟疾横行。这一时期景颇族聚居区医疗水平比较低，主要由民间医生治疗各种疾病，面对南亚热带雨林气候所引起的各种传染病，景颇族的民间医生无计可施。加之物资的匮乏，长时期营养不良。这些因素的综合影响致使景颇族的人口死亡率很高。从社会文化影响的角度考虑，景颇族在新中国成立以前仍然处于原始社会形态，这一时期民事之间的纠纷相对比较频繁，集体的“拉事”行为时常发生，同时家庭、家族之间的“械斗”也普遍存在，这就一定程度上造成了景颇族人口非自然死亡的比率相对较高。

从外部的因素来考量，从 19 世纪 40 年代开始，中国西南边疆受到帝国主义的侵略，景颇族人民深受英法等帝国主义和国内封建主义侵害和剥削，人们苦不堪言。为了争取民族的自由和独立，景颇族同美、日、英等帝国主义进行长期的顽强的斗争，伤亡惨重。据有关资料记载，1772 年后的 100 年间，瘟疫在云南从未间断。瘟疫的发生直接导致了人口的大量死亡。① 以上这些一种原因或者多种原因的综合影响，使得景颇族人口的死亡率一直居高不下。

（二）新中国成立后死亡率的变化

新中国成立后，政府加强了对“直过民族”的引导和帮助，不仅将先进的生产技术带到景颇族村寨，而且将先进的医疗技术带到景颇

---

① 李玉尚，曹树基．咸同年间的鼠疫流行与云南人口的死亡．清史研究，2001（2）．

族聚居区，在协助景颇族人民改善居住环境的同时，加强民众卫生意识的提高。再则，大力培养景颇族的民族干部，认真落实党的民族和宗教政策，深入景颇族内部，加大景颇族地区的剿匪。这些措施一方面给景颇族营造了安定和平的氛围，另一方面开展了景颇族地区的社会主义改造和建设。因此，这一时期景颇族人口死亡率大大下降。

针对这一时期我们可以根据景颇族人口变动的情况划分为以下几个阶段：

第一阶段：人口急剧下降阶段（1950～1958年）。在这一时期中景颇族人口死亡率大幅度下降。究其原因，主要是新中国成立后，景颇族聚居区实施了土地改革，建立了新的生产关系，原有的生产方式得到极大的改良，基础设施较以前有较大的改善，加之民族宗教政策的实施和医疗卫生条件的改善。客观上，景颇族的整体生活和医疗水平较以前有了很大的改观，促使了这一时期景颇族人口的死亡率持续下降。

第二阶段：死亡率迅速上升阶段（1959～1961年）。这一阶段的基本特征是人口死亡率大幅度上升。产生这样的情况与全国的大环境有较大的关系，由于自然灾害以及三年的饥荒，导致这一时期景颇族人口迅速下降。

第三阶段：死亡率大幅度下降阶段（1962～1978年）。这一时期人口死亡率下降得比较快。这一历史时期，国民经济逐渐得到了恢复，人民生活水平提高，医疗卫生和社会保障事业得到迅速发展，一些以前无法治愈的疾病现在能够得到有效的控制，在这些因素的综合影响之下，景颇族人口死亡率出现了不断下降的趋势。

第四阶段：死亡率稳定阶段（1979年至今）。这一时期，景颇族人口基本达到死亡率处于相对稳定的时期。改革开放以后，党的工作重心重新转向以经济建设为中心，人民生活水平迅速提高，医疗卫生和

社会保障事业发展到非常高的水平，物质和营养得到极大的补充，这些有利的条件为人口的稳定增长提供了最基本的物质和生活保障，景颇族人口的死亡率逐步进入相对稳定的阶段。

二、婴儿死亡率

婴儿死亡率指的是一定时期内特定区域内出生后不满周岁死亡人数占总出生人数的比率，一般以一年为计算单位，以千分比来表示。一个地区婴儿死亡率的高低可以在某种程度上反映出这个地区经济文化发展程度和生活水平的高低，很大程度上是特定区域内医疗卫生条件好坏与妇幼保障事业发展水平的重要表征，它对于人口的再生产和人口质量的提高具有重要意义。因此，降低婴儿死亡率是降低人口总死亡率和提高预期寿命的重要举措，是实现可持续发展的重要保证。

新中国成立以前，景颇族限于当时社会经济、医疗条件等制约，婴儿生存基本是通过“物竞天择”的原则来实现。育龄妇女的保障几乎不存在，用当时人们的话来说，每一次孩子的降临，母亲都在“鬼门关”走了一遭。从当时的情形看来，没有先进的医疗措施，接生都是接生婆来完成，稍不留神就会有生命危险。

新中国成立以后，随着人民生活水平的逐步提高和医疗卫生条件的不断完善，景颇族婴儿死亡率显著下降。在 1990 年第四次人口普查中，景颇族婴儿死亡率由 1950 年的 200‰以上降为 81.53‰，下降速度极其显著。虽然与全省 67.41‰的婴儿死亡率相比，景颇族婴儿死亡率仍要高出近 15‰，但是相对于原来的死亡率已经下降了将近 119‰。因此，加强景颇族地区婴儿、新生婴儿、围产婴儿的保健工作已经迫在眉睫，尤为重要。

三、人口死亡率及其特征

从景颇族死亡的基本情况来分析，景颇族的人口死亡率具有以下一些特征：首先，从婴儿死亡率的角度来看，婴儿死亡率大幅度下降。其次，男性死亡率高于女性，而且从近20年的数据来看，这个差距越来越大。最后，虽然景颇族的死亡率一直高于全国，且男性死亡率高于女性，但是从整体上来看，景颇族人口死亡率从1990年到2010年下降了8.58‰，下降了近一半还多。这归因于景颇族聚居区经济的发展和社会的进步，社会医疗卫生事业和保障事业的改善，使人们的身体素质和文化素质得到了很大的提高，因而景颇族整体死亡率越来越低，死亡人数越来越少。

第四章

景颇族的人口结构、就业、分布

人口结构，又称人口构成，指的是人口系统内部不同属性之间的比例关系。人口的结构可以分为自然结构和社会经济结构两大类，人口的自然构成主要包括人口的性别构成和人口的年龄构成，而人口的社会经济构成就比较广泛，包括人口的职业构成、文化教育构成、婚姻家庭构成、阶级构成、民族构成和宗族构成等。[①] 经学者研究表明，人口系统内部各种构成之间是相互制约和相互发展，它们之间联系紧密，是一个相互联系的有机体。[②] 人口结构对于社会经济发展具有重要的作用和意义，某种构成的变化都会对社会经济和人口自身的发展具有不可估量的作用。例如，人口老龄化问题就是人口年龄结构中老年人占的比重超过了其他人口结构的情况，人口的老龄化不仅增加了社会的负担，而且促使社会加强了医疗保健和生活服务的要求，还对其他的社会、经济、政治、文化有重要的影响。

---

① 王恩涌等．人文地理学．高等教育出版社，2005.

② 李竞能．人口理论新编．中国人口出版社，2001.

第一节　人口年龄知多少

一、景颇族人口年龄结构的回顾

人口性别、年龄结构是综合反映人口现状的综合指标，既是过去人口自然变动和机械变动的结果，又是将来人口变化方向和规模的基础，也是一个地区一定时期人口惯性作用的体现。因此，研究一个地区人口结构对于该地区经济文化的发展和社会生活有着重要的意义。在这里我们将通过对新中国成立以来的六次普查中的四次来展开对比研究，来回顾一下景颇族人口年龄结构的变化。

由于20世纪80年代开始严格执行计划生育政策，因此，0～14岁年龄段的人口出现先缓慢增长后慢慢下降的趋势。从具体的人口数来看，1982年这一年龄段的人口数由40 193人增至2000年的41 076人；2010年这年龄段的人口数出现明显下降的趋势，由41 076人下降到36 117人，同时，该年龄段占总人口数的比例也由1982年的43.23%降为2000年的31.08%，2010年则进一步降为24.43%。与此同时，20年来景颇族人口增长最快的年龄段分别为25～29岁、30～34岁、35～39岁、40～44岁、45～49岁、50～54岁6个年龄段，增长率均超过了130%，超过了其他任何年龄段人口增长的速度。

景颇族人口出现这样的发展状况与不同时期我国大的政治经济环境有很大的关联性，1949～1957年，新中国刚刚成立，社会比较安定，经济得到了发展，人民的生活水平及医疗卫生条件不断得到改善，出生率维持在较高水平，从而出现了人口自然增长率高的人口高增长的情况。出生在新中国成立初期的这一部分景颇族在20世纪70年代

末 80 年代初期恰好进入了育龄期，如果不考虑生育水平的变动，受人口惯性的影响，由于人口基数巨大，这批人所生育的子女众多，这些出生的人口在 2010 年左右正值 25～40 岁，因而造成了 25～29 岁、30～34 岁、35～39 岁年龄段人口的快速增长。由于 1962～1970 年景颇族与全国一样，在第二次人口快速增长时期出生的人口较多，以此类推，在 2010 年，这一批人恰好处于 40～55 岁，同样，人口的惯性造就了该年龄阶段人口增长速度快。

从上文中对不同时段人口年龄结构的分析中不难看出，虽然我们已经实施了计划生育，但是由于人口发展的惯性和政策作用发挥的滞后性，1982 年第三次全国人口普查和 1990 年第四次全国人口普查的数据显示这一时期受计划生育政策影响比较小；而 2000 年第五次全国人口普查和 2010 年第六次全国人口普查显示这一时期受计划生育政策影响较大，这是由于计划生育政策大规模实施以来，经过 20 年的发展，即到 2000 年后受影响的这一部分人刚好达到育龄阶段，因此，计划生育的真正效果在这一时期才体现，所以从这两期的数据来看，计划生育对他们影响相对较大。0～14 岁、14～19 岁年龄段的人口在各个普查时间点的规模都最大，但所占的比重呈逐渐降低的趋势，年龄构成由 1982 年、1990 年的年轻型人口到 2010 年逐渐开始向中年型的人口转变。

二、景颇族人口年龄结构及其变动

（一）劳动适龄人口的构成

从人口的抚养与被抚养比的变化角度来看，劳动适龄人口规模和比重以及社会负担系数的变化可以较为明显地反映人口年龄构成的转变。从景颇族人口各年龄段的比重来看，在 1982 年景颇族劳动适龄人口为 48 781 人，占总人口比重的 52.47%，进入 2000 年之后第二次高峰期出生的人口相继进入劳动适龄人口，景颇族劳动适龄人口的比重在不断上升，到2010年景颇族劳动适龄人口数达到105 074人，占总人口的比例达到71.08%。0～14岁年龄段的人口由1982年的40 193人上升到1990年的48 096人，到2010年之后开始下降至36 117人。从其占总人口的比重来看，一直处于持续下降的阶段，其占总人口的比率由1982年的43.23%下降至2010年的24.43%。65岁及以上年龄段的人口则由1982年的4002人增加到2010年的6637人，其占总人口的比重由1982年的4.3%，先降到1990年的3.39%后，在2000年逐渐回升，到2010年其比重上升到4.49%，经历了一个先下降后升高的过程。

从以上的分析可以看出，景颇族人口分年龄段的结构中，被抚养的0～14岁年龄段的人口在逐渐下降，并转化为劳动适龄人口。而65岁以上的老龄人口虽然在抬升，但没有劳动适龄人口上升得快。从各年龄段的比率构成来看，景颇族整个人口年龄处于被抚养的人口逐渐减少的阶段，也就是说景颇族的人口基本进入人口红利时期，处于增长型的阶段，此时的景颇族人口年龄结构有利于社会经济的迅速发展，如果实现充分就业，社会经济将实现快速发展。

（二）学龄人口的构成

学龄人口指的是特定时期内一定区域的常住人口达到规定入学年龄的人口。

学龄人口对于地区教育事业，特别是基础教育发展的规模和速度具有重要的意义。景颇族大多居住在边疆地区和山区，其交通极为不便，教育设施和教学资源严重不足，因此，其学龄人口入学率相对较低。对于景颇族学龄人口的研究不仅有利于提高其人口素质，而且有利于景颇族的长期发展。学龄人口一般为0～18岁的人口，在这里为了分析的方便将按照分年龄段的人口来展开。

0～5 岁年龄段的人口，该阶段的人口属于学龄前人口。这个阶段既是幼儿教育的主体，又是小学教育的后备军。幼儿教育事业的发展情况直接关系着早期学龄教育的发展及幼儿智力的开发，是衡量社会福利水平的重要指标。根据 2010 年人口普查的数据，2010 年全国景颇族学龄前人口为 15 020 人，占全国景颇族总人口比重的 10.16%。少数民族地区由于缺乏相应的办学条件和师资，学前教育的入学率不是很高，这与汉族地区重视学龄前人口教育形成了鲜明的对比。因此，要提高景颇族人口综合素质，必须注重景颇族学前人口的教育，注重学龄前教育的发展，这样才能为其进入小学阶段的学习做好知识、心理和智能等方面的准备。

6～18 岁年龄段的人口，该阶段的人口属于学龄人口，主要包括从小学至高中毕业阶段的全部人口。根据 2010 年人口普查的数据，2010 年景颇族小学适龄人口（6～12 岁）有 31 445 人，占景颇族总人口的 21.27%。这是提高景颇族整体文化素质，降低文盲率的关键群体。从历年的人口普查资料显示，这部分人口的数量一直在缓慢增加，因此，景颇族地区应当加强小学教育，逐步改善教学的软硬件条件，解决这一部分景颇族人口的入学问题。同样，2010 年景颇族中学适龄人口（13～18 岁）有 13 933 人，占全国景颇族总人口的 9.43%。这一阶段学龄人口是社会经济建设的主力军，只有提高他们的整体素质，才能为后续的实现社会经济发展和提高整个民族文化水平打下坚实的基础。

（三）育龄人口的构成

15～49 岁年龄段的女性人口为育龄人口，也叫育龄妇女。育龄妇女是人口构成的重要组成部分，是人口再生产的重要承担者，育龄妇女在总人口中的比率对人口出生率和自然增长率有极大的影响。根据 1982 年第三次人口普查资料显示，云南景颇族育龄妇女有 21 725 人，占景颇族总人口的23.39%。2010年云南景颇族育龄妇女人数为43 049人，占景颇族总人口的29.12%。1982～2010年，在近30年的时间里景颇族育龄妇女的比重上升了6个百分点还多，一定程度上说明了景颇族人口处于增长的阶段。

（四）老年人口的构成

大于65岁年龄段的人口为老年人口。老年人口带来的最大问题就是人口的老龄化，根据人口发展的规律，人口由高出生、高死亡向低出生、低死亡的转变是人口发展的一般规律，并且在这个转化过程中必然伴随着人口的老化。通常情况下，一个地区老年人口数量规模的大小，直接影响着这个地区劳动适龄人口规模的数量和该地区社会负担系数的大小。根据历年人口普查资料显示，景颇族老年人口经历了先下降，然后又逐渐增长的过程。从景颇族人口的整体变化来看，景颇族家庭和社会抚养老人的负担在逐步增加，但相对于增长型的人口而言，增长的量不是太大，人口老龄化问题不明显。因此，未来一段时间内景颇族人口老化现象暂时不会凸显，暂时不会成为社会经济发展的大问题。

恬静的景颇族老人 （陈克勤摄）

第二节　景颇族的男男女女

一、女多男少知多少

人口的性别结构是指一定时期内一个国家或地区两性人口数量的比例关系。性别结构是影响人口婚姻、家庭和生育状况的重要因素，与人口再生产、人口的分布和迁移以及劳动力就业结构等均有直接的关系。性别比的过高或过低会对养老模式、社会治安造成较大的影响，同时可能导致群体性无婚状态的出现，由于性别比的偏差会导致大部分人正常生理得不到满足，也会对社会的健康发展有一定的影响。

（一）景颇族人口性别构成现状

在第六次人口普查中，全国景颇族总人口有147 828人，其中男性有71 318人，占总人口的48.24%；女性人口有76 510人，占总人口的51.76%，性别比为93.21。与同时期全国和云南省的人口性别比的平均水平相比较，景颇族人口的性别比均低于两者的水平，其中全国为104.9、云南为107.9。景颇族由于受传统文化的影响较少，重男轻女的思想不是很严重或者几乎没有，因此其性别比差别不是太大。其中女性的人数高于男性与男性死亡率较高有很大关系。

（二）分年龄人口性别构成

分年龄人口性别构成是指某一年龄段（或年龄组）人口中以女性为基数100，相应的男性人口与女性人口之比。由于受宗族、自然、经济、社会和文化等因素的影响，不同族群年龄段的人口性别构成都有差异。

从2010年景颇族分年龄人口性别结构数据中可以看出，景颇族人口只有前四个年龄段人口性别比高于100，即男性人口数量大于女性人口数量，其中最高的是0～4岁年龄段，为109.02。其余各年龄段人口性别比都低于100，这是导致总人口性别比低于100的最主要原因。因此，我们可以推知，景颇族男性死亡率明显高于女性。根据2010年第六次人口普查相关数据，全国景颇族总死亡人数是1062人，其中男性死亡人数为640人，占总死亡人数的60.3%；女性死亡人数为422人，占总死亡人数的39.7%。从人口性别比随年龄的变化趋势来看，景颇族人口性别比总体上处于一个持续下降的过程。

二、寿命男短女长为哪般

景颇族的男性死亡率明显高于女性的死亡率已经成为不争的事实，这我们可以从以上的分析和已有的数据得到验证。在2010年景颇族分年龄人口性别结构中，景颇族80岁以上人口总计为854人，其中男性人口数为272人，占总人口比重的31.85%；女性为582人，占总人数的68.15%。85岁以上长寿人口总数321人，其中男性仅为81人，女性为240，占据了总人数的74.77%。随着年龄的不断增长，女性所占的比重越来越大，说明男性死亡率随着年龄的增大而不断攀升，女性寿命相对于男性较高。

在2010年景颇族人口性别比随年龄结构变化趋势中有一个明显的变化，即在15～19岁年龄段和20～24岁年龄段时，出现了急速下降，性别年龄比在20岁左右出现了转折，男女性别人口基本实现平衡。这个特征与其他民族相比差异较大，究其原因，有的研究认为可能是由于历史上景颇族性别比长期处于较低水平，这种惯性一直延续至今。但从景颇族的人口发展进程来看，主要原因还在于景颇族没有重男轻女的思想，这在西南地区的广大少数民族之间普遍存在，由于重男轻女思想的淡化，男女性别的比率基本上是自然选择的结果，因此其人口性别比基本处于平衡的状态。

在景颇族的传统文化和生产生活方式上，由于景颇族居住在湿热的特殊高海拔地理环境，经济与生产方式极其落后，刀耕火种、采集狩猎的生活方式使得劳动适龄人口的男性以打猎为荣，尚武勇猛，但往往这样危险性的生产活动一定程度上影响景颇族男性的死亡率，猛兽的袭击和同族之间的械斗也是景颇族男性死亡率偏高的原因。

景颇族女子　（杨永明摄）

就人口发展的规律和人口死亡率的变化情况而言，景颇族的这种情况与全国其他民族的差别不是太大，区别在于景颇族男性死亡率高于女性死亡率太多，这是景颇族性别人口死亡率的重要特征。究其原因，一方面从客观上来考虑有先天的原因。由于基因和遗传的差异，自然界普遍存在着雌性寿命高于雄性的规律，这是人类和各类动物中普遍存在的现象。随着科学技术的不断进步，科学家们发现比起男性的染色体，女性的染色体更能抵御外在的疾病和适应周边环境。当然这只是一种现象，科学家们也正在探索。另一方面，随着计划生育政策的实施，景颇族女性不像以前那样毫无限制地生孩子，女性生孩子的次数得到限制，某种程度上女性的健康状况大大好于从前。

另外，男女之间生活习惯的差异也是导致景颇族男性死亡率高于女性的原因。景颇族的日常生活中很多男性有酗酒、吸烟的生活习惯和争强好胜的心理特征，而沉重的家庭负担也决定了男性承受的压力较大，这些都使景颇族男子抵抗疾病的能力随着年龄的增大不断下降。相反，景颇族女性生活习惯相对于男性较好，承受的生理和心理的压力没有男性大，因此，通常情况下，女性的寿命比男性长。

另外，众所周知，景颇族聚居区由于地处中缅边境，境外缅北“金三角”地区是国际毒品的主要生产基地，这使得德宏州成为毒品走私的重要通道，也使得这一地区成为毒品消费的主要市场。毒品的泛滥不仅带来了一系列的社会和治安问题，而且给景颇族聚居区带来了可怕的艾滋病。这些也成为了景颇族男性死亡率高于女性的重要因素之一。

综合以上的各种因素，景颇族总人口性别比较全国平均水平和云南省平均水平低，即男性人口死亡数量多于女性人口死亡数量。

第三节　读书识字成时尚

一、人口文化构成

新中国成立以前，景颇族地区限于经济文化因素的影响，没有形成现代教育体系，人们通过生产实践来掌握一套适合于其居住地的生产和劳动技能，并通过口头形式来传承这些本民族的经验性知识，人口受教育程度比较低。新中国成立以后，景颇族在党和政府的关怀下，将汉族及其他少数民族先进的农业生产技术融入到自己的生产生活中，改变了其原有的生活方式，提高了劳动生产能力。除此之外，政府还在各村寨中设立了学校，将文化知识和劳动生产技术较好地传播给了景颇族人民，新的教育体系和理念在景颇族聚居区开始确立和发展，

经过长期的发展使景颇族的受教育程度大大提高。

景颇族人口文化构成有如下特点：

（一）景颇族受教育人口现状

人口在不同受教育阶段的分布呈现典型的金字塔型，即随着受教层次的不断上升，受教育的人口逐渐减少，这是人口受教育程度中的普遍规律。2010 年，景颇族从小学到研究生人数依次递减，依次为 72 498人（小学）、34 975 人（初中）、7859 人（高中）、3435 人（大学专科）、1467 人（大学本科）、40 人（研究生），呈现出典型的金字塔型结构，小学及以上文化程度的总人数已达 120 274 人，占 2010 年总人口的 81.36%。

结合历次人口普查的数据可以看出，景颇族人口受教育程度较之前有明显提高。1990 年时，景颇族拥有小学文化程度及以上的人口数只有 57 376 人，仅占 1990 年总人口的 48.45%。而各文化层次的人数分别为：大学 299 人，高中 2487 人，初中 10 178 人，小学 44 412 人。由此可见，1990 年各项指标均低于 2010 年，这说明 20 年来，景颇族教育事业取得了较大的发展，人口受教育程度提升较快，仅仅大专及以上受教育程度的人口就已接近 5000 人，占到景颇族总人口的 3.5%。这说明随着景颇族地区经济的发展，人们逐渐开始重视对子女的教育，也说明我国边疆地区教育事业得到了极大的发展。但与其他民族相比，景颇族的受教育程度并不高，总体文化仍然较低，与云南省总体人口文化水平存在一定差距。

从相关数据的对比中我们可以看到，2010 年景颇族每万人拥有的各种文化程度人数比 2000 年有较大幅度的增长，但与全省相比差距还比较明显，且随着受教育层次的提高，景颇族与全省的差距就越大，一定程度上说明了景颇族接受高等教育的人口比较少，受教育人口大都集中在初等教育阶段。第六次人口普查的数据显示，2010 年景颇族拥有大学学历的人数为4902人，拥有研究生学历的人数为40人，占小学及以上受教育人口数的比重分别为4.08%和0.033%，而有小学文凭者占小学及以上学历总人数的比率高达60.28%，可见景颇族人口受教育程度相对较低。要改变这种状况，关键还在于提高景颇族地区基础教育的质量，只有基础教育的质量有了提高，高等教育的人数才有望增加。教育质量的提高依赖于教育投入和师资力量的雄厚，而地处边疆地区的景颇族聚居区要吸引优秀的人才资源还存在一定的难度，最直接有效的措施就是对现有教师的能力提升和积极引导在职教师的再教育。

（二）男性人口受教育程度高于女性

虽然在景颇族的人口性别构成中女性人口高于男性，但小学以上文化程度的人口中，男性人数超过了女性，表明男性人口受教育程度高于女性。由2010年景颇族各文化程度男女人数可以知道，从小学到研究生，随着教育层次的提高，男性的比率高于女性，而且有逐渐扩大的趋势。因此，为了提高女性的受教育程度和素质，必须努力提高妇女的社会地位，增加女性受教育的机会。

（三）老年人口受教育程度普遍比中青年人口受教育程度低

根据2010年人口普查资料的相关数据，景颇族人口随着年龄的增长，小学及以上文化程度的人数逐渐减少，大学及以上文化程度的人口数主要集中在中青年人口中。年龄越大，文化程度越低，人口总体受教育程度随着年龄的增长而趋于下降。中青年和老年人受教育之所以存在较大差距，显而易见是生活的时代和社会经济条件的差异性造成的。客观上说明，改革开放以后，随着市场经济的不断完善，经济文化的不断发展，以及国家对民族地区教育事业的重视和投入的加大，人们受教育的机会和资源都有了很大的改善。

二、有多少在校生

在校学生的人数及其在总人数中的比重是反映人口就学率、教育

发展水平和人口受教育程度的重要指标。一个地区在校大学生人数越多，占总人口比重越大，说明教育事业发展越好，人口受教育程度越高。影响在校学生比率的关键因素是经济发展水平的高低和教育事业的发展程度。新中国成立以来，景颇族地区经济发展取得了显著成效，教育事业蒸蒸日上，经过将近 60 年的发展，景颇族聚居区教育事业发展到了一定规模和水平，景颇族人口在校人数逐年增加，在总人口中的比重逐步提高。以在校大学生人数为例，1982 年，景颇族在校大学生有 32 人，占总人口的比重为 0.034%，到 1990 年增至 73 人，占总人口比重为 0.062%，说明景颇族在校大学生的人数不断增多。2010 年景颇族小学生在校学生人数占景颇族人口总数的比例为 10.98%，初中在校学生人数占景颇族人口总数的比例为 4.81%，高中在校学生人数占景颇族人口总数的比例为 0.6%，大学生在校人数占景颇族人口总数的比例为 0.04%。从在校学生的文化层次结构来看，景颇族在校学生分布从小学到研究生七个文化层次上都有分布，从低学历到高学历人数不断减少，呈现出典型的金字塔型结构。其中小学生在校人数占总在校人数的比重最高，居于主导地位，而大学生所占比重极低，说明了景颇族的教育仍停留在基础教育为主的阶段，中高等教育发展较缓慢，在校大学生过少。

三、到底有多少文盲

本文中所说的文盲、半文盲是传统意义上的文盲，即一国人口中完全不识字或识字极少、小学文化程度以下的人口，文盲的产生与所处的社会经济发展环境有很大的关系，对于景颇族而言，很大程度上是社会经济发展差异、地区教育不平衡的结果。文盲率的高低直接影响区域社会经济的发展，特别对于以现代化生产为主的当前生产方式而言，文盲的存在导致先进的知识和生产技术不能得到有效的普及和推广，不利于推动现代社会、经济、文化和教育事业的发展和进步。

文盲率是衡量一个地区或者民族文盲的重要指标，它指的是超过学龄期（12～15岁以上）年龄既不会读又不会写的人在相应的人口中所占的比例。自新中国成立以来，国家实施了一系列措施，旨在改善民族地区教育事业落后的面貌，经过多年的努力，景颇族文盲、半文盲人口已大幅度减少，人口受教育程度逐步提高。[①]

在第六次全国人口普查的资料中，2010年景颇族全国总人数为147 828人，景颇族小学生在校学生人数占景颇族人口总数的比例为10.98%，即约为16 232人；初中在校学生人数占景颇族人口总数的比例为4.81%，即约为7111人。由2010年中国人口普查资料中相关数据的整理可知，景颇族6～9岁总人数为9215人，10～15岁总人数为14 145人，6～15岁总人数为23 360人。一般情况下，小学、初中年龄为6～15岁，因此，可以算出景颇族6～15岁不在校的人口数为17人，即可作为6～15岁未接受任何教育人口数量。同时，在2010年中国人口普查资料中，景颇族6岁及以上未接受任何教育人口为12 534人，通过计算可知15岁以上未接受任何教育人口为12 517人。15岁以上总人口为109 448人，则文盲率计算公式为：文盲率＝15岁以上的文盲人数/15岁以上的总人口数×100%，计算出景颇族文盲率为11.44%，文盲总人数为12 517人。

结合以上相关数据，景颇族文盲结构有以下特点：

第一，文盲占总人口中的比重不断下降。改革开放以来，景颇族文盲率大幅度下降，人口受教育程度也不断提高。2010年，景颇族的文盲率为11.44%，而1982年和1990年景颇族文盲率分别为64.43%和44.44%，这些数字说明了景颇族的文盲率大大下降，也从另一方面

---

① 由于不会读书不会写字的标准难以确定，因此本文以15岁以上未接受过任何教育的人数作为文盲数量。

反映景颇族人口的受教育程度在不断地上升。当然这是改革开放之后，民族地区教育事业迅速发展的结果，也是景颇族人民在改革开放中不断更新观念的集中体现。

第二，女性人口文盲率普遍高于男性。在景颇族的社会分工中，男女所承担的任务和担任的角色有所不同，因而造成了男女在社会上地位的不同以及受尊重程度的差异。在景颇族传统观念中，女性的社会地位远低于男性，因而受教育的机会也相对少于男性，造成了女性文化程度偏低，文盲率相对男性偏高的现状。这一状况在总文盲率和分年龄阶段文盲率都有所体现，即女性的文盲率高于男性文盲率，这不仅是由于经济发展水平的差异，更是由于景颇族社会形态中固有的重男轻女的观念和思维方式所造成，但相对于其他少数民族和汉族而言，景颇族的这一种思想不是很明显。

第四节　血脉中迁徙与流动的特质

一、人口的分布

人口的分布是指一定时间内的人口地理分布状况，即人口在一定时间内的空间存在形式、分布状况，包括各类地区总人口的分布，以及某些特定人口（如城市人口、民族人口）、特定的人口过程和构成（如迁移、性别等）的分布等。[①] 本小节主要是从静态和动态两个方面对景颇族的人口分布进行描述。

（一）人口的地理分布

景颇族是一个跨境而居的民族，在我国的称为景颇，在印度阿萨

---

① 武友德等．中国民族人口·第二十八卷·景颇族卷．中国人口出版社，2005.

姆的自称为新福，在缅甸的称为克钦。新福、克钦、景颇是同一民族在不同国家的不同称谓。在中国，景颇族主要聚居在云南省德宏傣族景颇族自治州境内的陇川、盈江、芒市、瑞丽、梁河五县市山区。景颇族的支系比较多，经1953年民族界定工作后，我国境内的景颇、载瓦、茶山、速浪（浪峩）等景颇族的支系统称为景颇族，从此景颇族的名称成为中国少数民族的正式名称之一。缅甸的克钦族主要居住在克钦邦山区，瑞丽江流域、掸邦山区以及景栋地区；而印度的新福居住在阿萨姆邦那加西部山区。景颇族地理分布在中缅边境山区以及中印半岛西北部，即东起高黎贡山、怒江，西至印度阿萨姆边境，东西直线距离为200～300千米；北起喜马拉雅山麓坎底、岔角江，南至腊戍、莫戈克一带，南北直线距离约700千米。这一片面积约7万平方千米的土地是景颇族的主要聚集区，这里崇山峻岭、森林密布、江流湍急的地理环境使得景颇族在历史上很长时间内处于封闭的状态。

（二）人口的地区分布

我国的景颇族主要居住在云南，占全国景颇族人口的99%以上；共有94%左右的景颇族分布在云南省德宏傣族景颇族自治州，人口为134 373人，占当地人口的11.09%。按照行政区划的地域范围来看，2010年云南省16个地州除了东川区、迪庆州没有景颇族分布外，其余各地州均有景颇族的人口分布。

（三）景颇族人口的城乡分布

在景颇族的漫长发展和迁徙过程中受到社会经济条件的制约和生产力发展水平的影响，景颇族的经济发展一直处于比较低的水平。同时由于景颇族聚居区主要在我国边疆地区，因此城镇化水平相对较低，例如，其集中分布的德宏州非农业人口所占比例远低于全国和云南省的平均水平。因此，从城乡分布的情况来看，其人口主要分布于乡村地区。

二、新中国成立以来景颇族人口迁移和流动的基本状况

(一) 全国景颇族人口地区分布现状

景颇族人口主要聚居在云南省，2010 年全国有景颇族人口共 147 828 人，分布在云南省的为 142 956 人，占据了景颇族总人数的 96.7%，其他省份的景颇族人口只有 4 872 人，仅占据了景颇族总人数的 3.3%，他们散布在全国各个省。

(二) 全国景颇族人口迁移状况

1982～2010 年约 30 年中，景颇族人口地区分布结构发生了一些变化，主要有以下特点：

1. 景颇族人口高度集中在云南的格局短时间内没有太大变化。

从全国第三次人口普查到第六次人口普查的约 30 年时间来看，云南省景颇族一直是全国景颇族最为集中的地方，均占全国景颇族总人数的 96%以上。随着时间的推移，云南省景颇族人口所占比重有不断下降的趋势，1982 年云南景颇族占全国总数的 99.89%，2010 年为 96.70%，30 年间下降了约 3.3%，下降的幅度比较小。从一个侧面反映出一个迁徙了千百年的迁徙民族到了新中国成立之后迁移已经不是太明显，人口高度集中在西南地区的格局在短时间不会有太大的改变。

2. 景颇族人口流动不是很明显。

从景颇族聚居区分布来看，云南省景颇族主要分布在德宏州的潞西市、梁河县、陇川县、瑞丽市五个市县，云南省 2010 年德宏州景颇族人口占云南省景颇族总人口的 94%左右，其他地区的景颇族仅占云南省景颇族总人数的 6%左右。而聚居在德宏州的景颇族中，有 28.29%和 32.01%的人口分别分布在盈江县和陇川县。因此，在景颇族聚居区内，景颇族的分布也高度集中在原居住区。

1953 年德宏州景颇族人口为 100 500 人，占据了云南省景颇族总人口的97.95%；1964～2000年的四次人口普查显示，德宏州景颇族人口占云南省景颇族总人口的比重分别为98.26%、98.52%、97.72%和95.86%。由此可见，新中国成立以来，景颇族聚居人口流动不太明显，大量集中在云南省德宏州境内，尤其是集中在德宏州的盈江县和陇川县内。

2010年德宏州景颇族人口占全省的比率比2000年下降了近9个百分点，下降的幅度相对历届普查来说是最大。这些数据说明，改革开放以来，尤其是进入21世纪以来，景颇族整体的社会经济有了很大的改观，景颇族人民开始向其他省份流动。

三、人口在空间上的迁移和流动

景颇族各支系在德宏州大致的分布范围是：景颇支系主要分布在盈江（铜壁关乡、卡场乡）、陇川（清平乡）、瑞丽（等嘎村）等地，散居于芒市、梁河、畹町等县市；载瓦支系主要分布于芒市（西山乡、遮放镇、五岔路乡、中山乡）、陇川（邦瓦乡、清平乡）、盈江（盏西乡）、瑞丽（户育乡）等地，部分散居于梁河县和畹町镇（弄弄村、广董村）；浪峨支系主要居于芒市的营盘、猛广、弄龙、引欠、当扫、拱卡及中山乡的部分地区，散居于瑞丽市的南京里村、邦歪村、猛休村、贺共村和盈江县的铜壁关地区；喇期支系主要分布于盈江县的盏西、麻岛、勒期格冬、大盈坡，陇川县的吕良，芒市的中山乡、东山乡、巩令邦国，瑞丽市的南京里、猛力等地区；波拉支主要分布在陇川县的王子树乡，芒市的弯丹村、金龙村。景颇族各支系的分布，大多数是交错杂居。云南省怒江傈僳族自治州主要分布在片马、古浪、岗房一带。另外，还有一部分居住在云南省临沧市耿马县孟定镇、耿马镇、贺派乡等地，居住在西双版纳州的景颇族主要分布在勐海县勐海镇勐翁村，极少部分散居在云南省保山市腾冲县、云南省普洱市澜沧县、

贵州省凯里市、粤港澳等地。境外的景颇族主要居住在缅甸，部分分布在印度，其中居住在缅甸景颇族的人口主要分布在缅甸伊洛瓦底江、思梅亚江、迈里亚江上游一带的克钦邦、掸邦等地；居住在印度的景颇族（新福族）主要分布在印度的阿萨姆邦丁苏吉亚地区，另外，在泰国、老挝等国家也有零散村落分布，在世界各地也有零星分布。

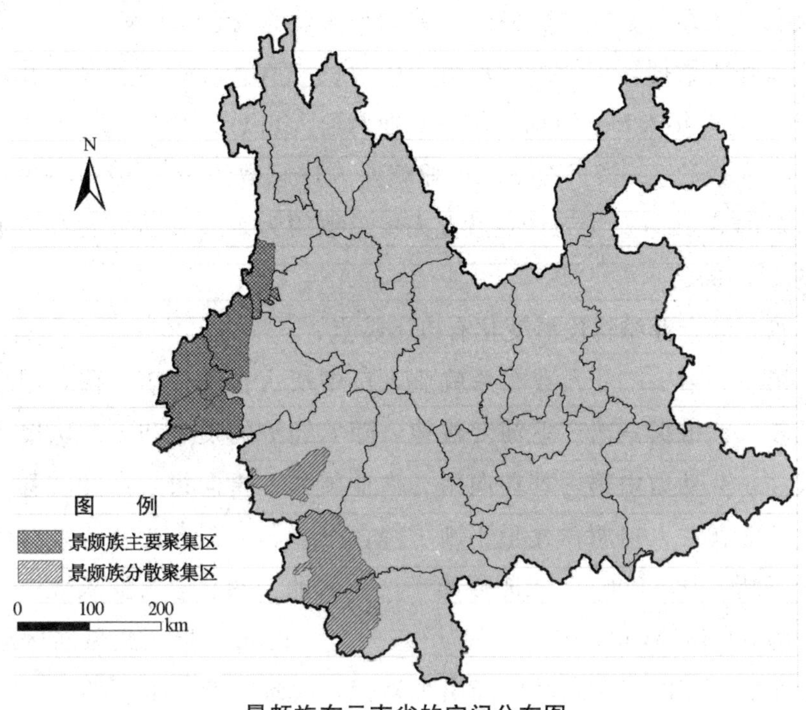

景颇族在云南省的空间分布图

第五节 人口的就业与职业

一、就业人口的构成

就业人口的构成不仅与特定区域经济发展有很大的关联，而且与产业结构密不可分，他不仅反映的是一定区域内群体的生产力水平，而且是衡量区域社会经济发展的重要内容。对于就业人口构成主要从三个方面来进行研究，即就业人口的产业构成、就业人口的行业构成和就业人口的性别构成。

（一）就业人口的产业构成

就业人口的产业构成是指就业人口在国民经济各部门的分配比例及其相互关系，是反映国民经济结构的重要指标。① 根据 2010 年第六次人口普查数据，可知景颇族就业人口的三大产业结构及其变化情况如下：2010 年人口普查时，第一产业就业人口总数约为 72 890 人，占总就业人数的 82.97%；第二产业就业人口总数约为 4480 人，占总就业人数的 5.10%；第三产业就业人口总数约为 10 480 人，占总就业人数的 11.93%。

景颇族产业结构发展变化有以下特点：

第一，第一产业人数在总就业人口中所占比重显著下降，但比重依然较大。根据三次产业演变规律，随着经济的发展和人均国民收入的提高，劳动力由第一产业向第二产业转移，再向第三产业转移，即第一产业就业人口所占比重不断下降，第二、第三产业就业人口所占比重不断上升。2000 年景颇族第一产业就业人数在总就业人数中所占比重为 90.14%，2010 年下降为 82.97%，说明了景颇族聚居区经济逐步发展，三次产业之间已经出现转变，大量的劳动力开始从第一产业向第二和第三产业转变。但是，与全国比较来看，同时期全国第一产业就业人数在总就业人数中所占比重为 57.81%，第二产业所占比重为 28.87%，第三产业为 13.32%，由此可见，景颇族第一产业比重相比全国平均水平相对较高，说明景颇族聚居区主要以第一产业为主，三次产业结构处于以农业经济为主的阶段，其三次产业发展较全国平均水平仍有很大的差距。

---

① 武友德等．中国民族人口·第二十八卷·景颇族卷．中国人口出版社，2005.

第二，第二产业比重有所上升，但在三次产业结构中比重仍然最低。2010年景颇族第二产业就业人数在总就业人数中所占比重为5.10%，与2000年的2.28%相比上升了2.82个百分点，上升幅度不大。按照产业结构演进的一般规律，随着经济的发展和科技的进步，劳动生产率得到了提高，一部分劳动力将从第一产业中被解放出来，这一部分劳动力将向第二产业和第三产业流动。而经过10年的发展，景颇族第二产业的人口仅仅增长了约3个百分点，从中可以看出，景颇族聚居区第二产业发展比较缓慢，而一定程度上工业是推动地区国民经济发展的重要动力，景颇族要加快经济的发展，加大第二产业的发展迫在眉睫。相对于矿产资源相对丰富的地区和国家重要的对外开放口岸，发展第二产业有很好的优势。

（二）就业人口的行业构成

景颇族就业人口行业分布大多集中在农、林、牧、渔及水利业，在其他行业分布相对较少。2010年人口普查显示，农、林、牧、渔集中了景颇族总就业人口的82.26%，其余各行业就业人口仅占景颇族就业人口总数的17.74%。景颇族就业人口的行业构成有如下特点：

1. 就业人口行业分布大多集中在第一产业中的农、林、牧、渔行业，其人数占总就业人数的82.26%，比全国平均水平（48.36%）高出了33.9个百分点，而其他行业所占比重总和仅为17.74%。这充分说明了农、林、牧、渔在景颇族地区经济中占据着绝对主导的地位，景颇族聚居区经济处于以农业为主的低增长阶段。

2. 工业部门就业人口少，比重轻。工业部门包括采矿业、制造业、电力、燃气及水的生产和供应业等，其就业人口所占比重为4.24%，远远低于全国平均水平（18.68%）。尤其是在制造业方面，景颇族就业人口仅占总就业人口总数的3.71%，而同期的全国平均水平为16.86%，仅为全国平均水平的1/4还不到。说明景颇族聚居区第二产业的比重相对于全国平均水平非常低，同时也说明景颇族地区发展第二产业有极大的空间。因此，景颇族地区必须大力发展与自身资源优势相结合的相关工业部门，着重发展制造业、流通业、农产品的深加工等，这样才能改善景颇族地区经济发展缓慢的现状。

3. 公共管理和社会组织就业人口在总就业人口中所占比重相对较高，为3.22%，高于同期全国平均水平（2.56%）。公共管理和社会组织主要包括国家机构、党政机关、社会及群众团体、宗教组织、基层群众自治组织等。

4. 交通运输、仓储和邮政业以及批发和零售业就业人数占总就业人数比重分别为0.59%和2.54%，而同期全国平均水平分别为3.55%和9.30%，远远低于全国平均水平。说明景颇族地区商品流通和交通运输与其他地区的差距还比较大，商品流通速度相对较慢，市场经济发展需要商品在市场上的高速流通和流通相关服务行业与之相配套，而与流通业直接相关的批发和零售业仅为全国水平的1/3还不到，与流通行业密切相关的交通运输、仓储和邮政等为流通服务的行业仅为全国平均水平的1/6，直观上说明了景颇族聚居区市场发育程度低，商品经济发展远远落后于全国及其他地区。因此，景颇族聚居区的发展必须充分考虑交通运输等行业在经济发展中的基础。

但是作为边疆民族地区，其经济发展的基础和条件与内地相比还有很大的差距，从传统的第一产业为主导的境况很难转型，第一产业作为景颇族地区国民经济的基础产业和主要产业的地位仍然没有发生变化。随着经济的发展，景颇族各行业就业人口都有了不同程度的发展，但农林业占据了新增就业人口的绝大部分，说明景颇族地区传统行业的基础地位难以动摇，行业结构的调整尚需时日，需要因地制宜地加以扶持和引导。

（三）就业人口的性别构成

景颇族就业人口性别构成基本情况是女性多于男性。在总就业人

口中，男性所占的比重为47.94%，女性所占的比重为52.06%，比男性多出约4个百分点。但如果考虑各行业的分布情况，男女所占比重则差异很大。首先，采矿业、建筑业、交通运输、仓储和邮政业、租赁和商务服务业、公共管理和社会组织、科学研究、技术服务和地质勘察业等行业男性所占比例均超过了60%，远远高于女性。例如，租赁和商务服务业男性占到了85.37%，建筑业占到了79.17%，交通运输、仓储和邮政业占到了76.92%。其次，在农、林、牧、渔业、电力、燃气及水的生产和供应业、信息传输、计算机服务和软件业、文化、体育和娱乐业等行业中，男性和女性在就业人口中所占比重基本接近，比较均衡。农、林、牧、渔业中女性为52.53%，比男性高出了5.06个百分点；电力、燃气及水的生产和供应业中男性为52.63%，比女性高出了5.28个百分点；信息传输、计算机服务和软件业男女所占比重均为50%。最后，在批发和零售业、住宿和餐饮业、金融业、房地产业、居民服务和其他服务业卫生、教育、社会保障和社会福利业等这些行业，女性所占比例均远高于男性。批发和零售业女性占70.67%，住宿和餐饮业女性占68.62%，金融业女性占69.23%，房地产业女性占100%，社会保障和社会福利业女性占77.19%，教育事业女性占67.54%。

从以上分析情况可以看出，景颇族各行业就业人口性别构成差异较大，某些行业，如采矿业、建筑业、交通运输、仓储和邮政业等由于对生理条件的严格限制，造成了男性从事比例大于女性，而其他行业男女就业人数的比例相差不大，甚至在某些行业，如批发和零售业、住宿和餐饮业、房地产业、教育、社会保障和社会福利业等，更适合女性，女性所占比例远远大于男性。这些现状一方面是由于社会经济的发展改变了景颇族对女性的传统观念和社会对女性的认同，另一方面市场经济的发展促使景颇族女性改变原有的生活习惯和就业观念，在某种程度上体现了党和政府对少数民族妇女就业问题的关心和支持。但我们还应该看到，在公共管理和社会组织中，女性所占的比重为34.39%，低于男性的65.61%，仅为男性的一半，说明在政府管理部门或者公共事业部门，女性还是一个弱势群体，这与我们国家传统的文化观念有密切的关系。

二、各种职业的人口性别构成

人口的性别构成是人自然属性在人口结构中的具体体现，既是过去人口变化的反映，又能够在某种程度上预示着未来人口变化方向和发展态势。

(一) 2010年景颇族各职业的人口性别构成

景颇族从事各种职业的就业人口总数女性略多于男性，比重相差不大。但如果具体到各职业时，男女所占比重则各不相同。根据男女比重的差异，可以分为三类：①国家机关、党群组织、企事业单位负责人中，男性占78.26%，女性占21.74%；办事人员和有关人员中，男性占67.28%，女性占32.72%；生产运输设备操作人员及有关人员中，男性占65.58%，女性占34.42%。②在专业技术人员中，女性所占比重高于男性，女性比重为56.32%，男性比重为43.68%；在商业、服务业人员中，男性占30.76%，女性占69.24%。这些职业女性所占比重均远远高于男性，充分说明了商业和服务业对女性的吸引力更大，其工作对劳动的体能和身体素质要求不高，更适合女性群体的就业。③在农、林、牧、渔、水利业生产人员中，男女所占比例大体相当，差距不大，女性为52.55%，男性为47.45%，女性略多于男性，说明农、林、牧、渔业对性别没特殊的要求，对男性、女性的吸引力也大致相当，是景颇族从事各种职业的就业人口中男女比重相差最小的职业。

（二）景颇族各职业人口性别构成变动情况

2000～2010年，各职业人口性别构成中，女性略多于男性。与2000年相比，2010年女性在总人口所占比重略有上升，与此同时，男性所占比重则下降了约两个百分点，为47.94%，说明女性职业总人口多于男性，且随着时间的不断推移而越来越大。但是各个职业人口的性别构成又呈现出不同的特点。

1. 在办事人员和有关人员中，两次人口普查的性别构成均是男性多于女性，但2000～2010年，男性所占比重不断下降，下降幅度约为5个百分点。

2. 在专业技术人员、商业、服务业人员及农、林、牧、渔业人员中，基本性别构成是女性多于男性。具体来看在专业技术人员中，2000年男性所占比重为46.07%，至2010年比重为43.68%，下降了约2个百分点还多，女性所占比重稍有上升，两次人口普查中女性均多于男性；在商业、服务业人员中，2010年女性所占比重下降了约6个百分点，女性比重仍远远大于男性。在农、林、牧、渔、水利业生产人员中，2000年第五次全国人口普查和2010年第六次全国人口普查男性和女性所占比重都有所变动，2000年男性所占比重为50.08%，女性为49.92%，职业人口性别构成中男性多于女性，2010年男性所占比重为47.45%，女性为52.55%，职业人口性别构成中女性多于男性。在2000～2010年间，景颇族农、林、牧、渔业男性、女性的数量出现了转折，2000年男性略高于女性，2010年则女性多于男性，男性的比重有所下降。

综上所述，景颇族各职业人口性别结构构成基本合理，女性所占比重高于男性，说明随着经济社会的发展，女性逐渐开始参与各种社会实践活动的程度在增加。

第五章

婚姻与家庭

婚姻是构筑家庭的前提，家庭是巩固婚姻的重要基础。景颇族在其发展壮大的过程中，其家庭从部落逐渐走向以家庭为单位的结构形式，新中国成立后又从原始的家庭逐渐走向现代化的家庭，在这漫长的过程中，景颇族形成了丰富多彩的文化和习俗。这些景颇族的优秀传统随着人们物质生活的不断丰富显得日益珍贵，古老的婚俗、对祖先的崇拜、在舞蹈中的祭祀等这一切都那么亲切和熟悉，带着古老的淳朴，现代的气息一步一步走来。

第一节　别样的婚嫁

一、从普那路亚婚姻到转房制与抢婚

景颇族的婚姻制度曾出现过普那路亚婚姻、转房制及抢婚等多种形式，其中以抢婚形式最多。

普那路亚婚姻[①]（即亚血缘群婚）是指一族团内的女子与另一族团

---

① 摩尔根．古代社会（新译本）．中央编译出版社，2007.

内的一群男子，或一族团内的兄弟与另一族团内的一群女子互相通婚。这些共夫的姐妹或共妻的兄弟之间，互称“普那路亚”，是从一族团内排除同胞兄弟姊妹间和旁系兄弟和姊妹间的婚姻关系后，逐步发展而来的。“普那路亚”的意思是“亲密的伙伴”，即通婚对象之间不再是兄弟姐妹，而是亲密的伙伴。因此说，普那路亚婚实行的是族外群婚，尽管这种婚姻制度是一定婚姻集团范围内互相的共夫与共妻，男子可以有一群妻子，女子也可以有一群丈夫，但这些共同的丈夫或妻子已不再是自己的同胞兄弟姐妹。而这个时期的家庭组织也是建立在普那路亚婚基础上的，成为普那路亚家庭（或称普那路亚家族），这种家庭组织随着婚姻制发展，表现出如下的特点：一是为排除血缘婚配而形成的婚姻级别较复杂；二是两性关系不是排他的固定性的结合；三是两性生活的主要形式是“野合”。尽管普那路亚婚姻是原始社会中的一种婚姻形态，但它是对原始社会中血缘婚制度的一种发展，也是生产力发展与自然选择的结果。

景颇族普遍存在的“公房”制度就是群婚制遗迹的一种体现。景颇族的未婚男女性关系比较自由，怀孕后可以指腹认父，被认的男方要到女方献鬼，有洗脱女方家名声的意义。如果两人感情好便可结婚，生下的孩子也不算非婚生子，如果男女双方不愿意结婚，则孩子仍属于男方，但是男方必须送给女方两头牛。

景颇族的婚姻制度曾经历过普那路亚婚姻，从现在的亲属称谓可以略见一斑。如男子对自己兄弟的子女都称为“我的孩子”，女子对自己姐妹的子女也都称为“我的孩子”。而子女对自己父亲的兄弟或对自己母亲的姐妹分别称为“父亲”和“母亲”，这种称谓说明景颇族先民曾有过某一氏族的一群男子与另一氏族的一群女子互为夫妻的婚姻生活，即普那路亚婚姻。当然，景颇族的这种婚姻制度在新中国成立前就已经不复存在了。

后来，随着社会的发展，家庭组织的单元性增强，景颇族的婚姻制度也发生了变化，出现了“转房”的习俗，即景颇族男女婚姻由父母包办，实行买卖婚姻，因而妇女成为家庭组织中的一种财产。对于一名妇女来说，如果丈夫死了，妇女不能改嫁到其他家族，必须在本家族中转嫁，可以转嫁给丈夫的兄弟、叔伯或者侄儿，反过来也一样，侄儿可以娶婶母，儿子可以娶父妾，从而造成多妻的现象，其中也可见妇女的地位比较低下，男子地位较高。在现行的景颇族家庭组织中，如无子女的家庭可以收养子，养子同亲生子一样，有赡养父母的义务和继承财产的权利。“转房”制的出现是为了保证女劳动力留在自己的家庭中，否则改嫁的话，所有的聘礼便留在前夫家，这也许是转房制存在的理由。

景颇族婚礼　（马元浩摄）

在景颇族中，由于男女的婚姻是由父母包办的，因此聘礼较重，于是产生抢婚的习俗。抢婚是原始社会的一种婚俗，即由男子通过掠夺其他氏族部落妇女的方式来缔结婚姻，亦名“掠夺婚”。景颇族的抢婚有其自己的特色，被称为“奴少”，也称为“迷鲁”。“迷鲁”在载瓦语中就是“抢妻子”的意思。当几个景颇族小伙子同时爱上一个景颇

族姑娘的时候，小伙子们之间就会互相猜忌，为了防止他人抢走姑娘，其中一个小伙子就抢先下手，不通知女家，也不管女方是否同意，强行抢来令其为妻，于是在景颇族村寨出现了抢婚现象。在旧时，由于没有严格的法律约束，抢婚往往会引起多方的格斗。但是，“迷鲁”也是有制度的，不是抢来即可成为新娘，也要通过“勒脚”即媒人周旋，重付聘金。还有“拉婚”、“偷婚”、“要婚”等习俗，其实质与暗约假抢差不多。①

“拉婚”也称为“拉姑娘”，在载瓦语中叫“迷确”。男方请“勒角”（男家媒人）向女方父母转达求婚之意，确定婚期，到时候约请“勒脚”带着助手，在夜间把姑娘引出，拉到新郎家中，然后，由媒人与女方家长议定聘金等事，翌日再行婚礼。据景颇人传说，这样一“拉”，可以惊退附在新娘身上的鬼魂，可保日后平安无恙。还有一种就是如果某一男子爱上一已婚女子，并发生性关系，则情夫得向原夫赔偿原聘礼的一倍，否则将引起拉事。如果赔偿事宜谈妥，并征得原夫的同意，该女子可以和她的情夫结婚。

“偷婚”也称为“偷姑娘”，在载瓦语中叫“迷考”。当小伙子看上姑娘欲缔结婚姻，女方父母都不同意时，男方只好请出“勒脚”和助手从旁协助，设法把父母藏匿起来的姑娘“偷”引出来，躲在助手家中，然后再请“强通”（女家媒人）告知女方父母，女方父母无奈，只好和助手议好聘金和婚期便告了结。

“要婚”也称为“要姑娘”，在载瓦语中叫“迷董”。男方要娶某一姑娘，但是女方年龄太小，不能结婚，男方则给女方送一份聘礼，这个姑娘便算是被人要去了，寨中的其他人就不能再去抢她或和她结婚，如果谁抢了这个姑娘，则抢姑娘的人或者家人就要进行赔偿，一般是聘礼的一倍，否则将引起拉事。

---

① 云南省编辑组．景颇族社会历史调查（二）．民族出版社，2009.

二、复杂的古规与美好的祝愿

景颇族的传统婚恋别具特色，婚礼仪式热烈而隆重，既恪守传统的规矩，又带有美好的祝愿。景颇族男女必须恪守姨表不婚，同姓不婚；只限于建立有丈人种和姑爷种婚姻关系（景颇语分别称之为“木育”、“达玛”）的异姓之间通婚。若有违反，将受到严厉的惩罚。若在“干脱总”时发生性关系导致女方怀孕后，要受到乡规民约的惩罚，轻则罚杀猪，重则罚杀牛、洗寨子，俗称“卡乃妹”、“欲乃摘”，意思是将功补过，挽回被玷污的名声。

吹奏乐器的景颇族男子　（赵吉兴摄）

青年男女交往大方自由，他们正式结婚前都必须经过“干脱总”（载瓦语），即汉语所称“串姑娘”。“干脱总”是指男女青年的交游活动，是未婚男女选择佳偶的一种重要方式。每年春节是传统习惯上的“干脱总”的大好时光。各寨青年男女带上美酒佳肴相邀到山野玩耍聚餐，纵情欢娱，或歌或舞。夜幕降临时，青年男女向村旁竹丛林间走去，轻歌漫语，试探对方的心思。或者来到“公房”，一起唱歌，听讲传说故事，有的青年便趁此吐露衷情。任何人都会自觉严守传统的规矩，禁止发生越轨行为。当彼此有了深入的了解，便互赠礼物以示爱慕，姑娘多送巧手

纺织的花带和绣有绒花的手绢，小伙子则赠以精雕细刻的小竹筒（内装有纸扇或口弦等物，也有不装实物的）、织布梭以及耳环上用的“乾通”。男女恋爱成熟，便请老人和友伴们到“公房”喝喜酒，表明他们的恋爱关系得到了社会公众的认可，今后他们便可到“公房”外自由活动。恋爱成熟后，由男方父母请“勒脚”（男方寨子的媒人）与“强通”（女方寨子的媒人）联系，向女方父母提亲，并送去礼物；如对方家庭收下礼物，便表示同意，再送些礼物，并共商婚期。选定婚期后，即可择定吉日迎娶。届时，女方请“强通”、舅父和本寨亲朋代为陪送姑娘前往成亲。

景颇族的结婚典礼别具特色。一般是男女双方商定了聘礼和婚期后，在婚礼之日男方请媒人“勒角”率领一伙能歌善舞、能说会道的人到女方家里迎亲。女方家要举行送亲仪式，也要选出能歌善舞、能说会道的人到男方家里送亲，还要巧索钱物，为送亲仪式增添欢乐气氛。举行送亲仪式和迎亲仪式，男女双方要按“七不出、八不进”的俗规择吉日进行。先将新娘接至媒人家中藏匿数日，并且不得露面，到去日才能将新娘接到新郎家中举行婚礼仪式。婚礼之日，新郎带上彩礼，和用熟糯饭揉成筒形的饭筒十多支（每支够10人吃），用芭蕉叶包好的菜包若干个（数字与事先告知的女方客人相等），内包熟肉、蔬菜和传统必备的“冲冲菜”。到了新娘家里，交过彩礼，切开饭筒，按人头每人分送一团饭和一个菜包。新郎家要杀猪，备丰盛的饭菜，足够的米酒、水酒、槟榔、烟茶、水果等宴请宾客，并事先将新娘接到寨中亲戚家梳妆打扮，穿戴整齐，届时，由祭师选好时辰，带领新娘喜气洋洋地赶往新郎家，陪娘打着伞，手挽着新娘，迎亲队伍排成两行，敲锣打鼓，吹奏笛箫，翩翩起舞，热闹非凡。

婚礼仪式一般由媒人主持。新娘在新郎的导引下，与长辈和亲戚朋友相认，并按年龄大小顺序逐个向他们致酒、递传槟榔等。新娘在进新郎家之前要过草桥，表示新娘身上的邪气已被驱除。由新郎的弟弟或侄子手牵新娘走过一根通向房屋正堂的草桥，桥一般宽60厘米至1米，长5～7米，并在桥两边栽满大叶茅草，有的还在茅草丛的两端各栽上一对芭蕉树、两支甘蔗。景颇人认为芭蕉树象征吉祥，甘蔗象征甜蜜，茅草象征人丁兴旺。新娘过完草桥后，新郎才出现，与新娘迎面对坐，互喂竹筒饭，共饮交杯酒。然后新娘再通过正房楼梯，楼梯新增有1～2块雕有2～4个乳状形梯登，以示新娘婚后早生子女。把新娘牵到正房竹楼棖梯门坎外，由婆婆把自己的银手镯、串珠链戴在新娘的脖颈和手腕上，认儿媳之后，便引入公婆室内休息，这时外人不得进入室内笑闹。

景颇族结婚仪式之一——新娘过草桥

（赵吉兴摄）

景颇族婚礼中男女双方的聘礼回礼也别具一格，带有浓郁的民族特色和强烈的寓意以及美好的祝愿。如聘礼中的象牙、龙袍、羊毛毡、花垫子是孝敬女方长辈的。牛表示劳动力，意思是以几条牛的劳动力换走一个女劳动力；大铜锃俗指女性，意思是以1个或2个代表女性的铜锃换走了女方一位真正的女性，肉和酒则是为众方亲友共聚同欢

所备，数目一般视女方社交的广度而定。回礼中的衣裙、筒帕、银饰品等是女性必备的装饰品；箱柜、铜炮枪、长刀等生产生活用具则意为婚后要自力更生，创家立业；三角锅架与铁锅是暗示新婚夫妇要相亲相爱不分离，生米才能煮成熟饭，夫妻才能早日生儿育女，生活才会快乐幸福。

三、与死者的亡灵共舞

景颇族是以歌舞吊亡灵，为死者跳舞是悼念死者的主要形式。景颇族实行的是土葬，只有难产或者恶死的才火葬。景颇族认为人同其他自然现象一样，都存在一种特有的南拉（相当于灵魂）。即使死后，南拉仍然继续生存。景颇族就是以南拉这种观念为基础建立了自己所特有的灵魂不灭和祖先崇拜观念，其集中反映在为死者举行的以舞为主的葬礼仪式里。

若有人故去便会向天空放火药枪（根据枪声的单双数辨明死者的性别，一般是女单男双），为表示敬仰、缅怀之情，自治丧的当晚起，本寨和邻寨的人们纷纷带上粮食、蔬菜、禽畜等不约而同地前来吊唁，帮助料理丧事。并与死者亲属一起跳祭奠性舞蹈，而且一跳就是通宵达旦。一般认为跳舞的时间越长，表示死者在人们心目中的地位越高，同时也是对死者家属的最尊敬的表现。丧葬舞蹈是景颇族民间舞蹈中重要而丰富的一部分，它包括“布滚戈”（或“革本戈”）、“龙洞戈”（或“脑巴”）、“恩刚斋”、“木代总”和“金斋斋”。景颇族人死后的宗教祭祀仪式十分烦琐，且等级观念极为分明，因此跳丧葬舞应根据死者的年龄、地位、身份、经济条件的不同而举行不同的仪式和跳不同的舞蹈。一般长者死后仅跳“布滚戈”；有威望的老人（如杀死过敌人或猛兽的人）死后加跳“恩刚斋”。三代同堂以上的死者可跳“金斋斋”；供有“木代”鬼的山官家死后，才有资格跳“木代总”。

在为死者所跳的祭祀舞中，金斋斋是最大型的祭祀舞之一，参加者可多达百余人。其中有两个裸身男子，身上绘有黑、白二色花纹，分扮一雄一雌。由两个裸身男子担任保卫放哨任务，防止其他恶鬼侵扰。跳者边跳边打锣击鼓，时而挥动长刀，时而呼叫（文身是景颇族普遍存在的现象，他们认为花纹有魔力，可以驱鬼避邪，具有能战胜敌人的神奇功能）。此外，还有一种专为死者跳的驱邪赶鬼的龙洞戈。参加者，男挥长刀，女挥扇子和蕉叶，舞者回旋曲折进行，伴以急敲的钹鼓，挥动长刀，时而呼喊，声势森严，表示驱邪赶鬼。

“布滚戈”舞是在两三个音高不同的铓的伴奏下进行，故铓发出“洞叮洞、洞叮洞……”的声音，因此，“布滚戈”亦俗称“跳洞叮”。男舞者持长刀、火枪，女舞者持芭蕉叶或扇子，在铓鼓声、枪声和呼喊声中激奋起舞。据说，这是为了驱邪撵鬼以护送死者的灵魂安全到达北方老家，与阿公阿祖团聚。人们边跳边唱“送魂歌”，其大意是：

> 星星会殒落，江河会干枯，老虎豹子、大树小草都会死掉，人也是这样啊。你的阿公阿祖朝前走了，今天你也跟着走了。你放心走吧，不要牵挂儿孙，你留下的猪鸡牛马有人看管，你种过的地有人耕种……你背上筒帕、挎上火枪、提着长刀上路吧，沿着祖先迁徙的路赶回北方老家。你莫回头，尽管放心走。平常莫回来，请你你再来。子孙会献祭你，你要做个好鬼，保佑我们六畜兴旺，五谷丰登。[①]

在举行葬礼后的若干天之后，还必须为死者举行一次隆重的“送魂”仪式。景颇族认为，死者的肉体虽然灭亡了，但他（她）的灵魂仍然存在，必须将死者的灵魂送到祖先们最初居住的地方，与以往死

① 云南省编辑组．景颇族社会历史调查(三)．民族出版社，2009.

者的灵魂一起欢聚。送魂仪式由巫师主持，他双手持长刀、长矛或木棍等，担任开路先锋。并用一种人工搭成的“尸架”，将死者的灵魂送或抬走了。送魂仪式要比葬礼隆重，须杀若干头牛、猪、鸡为祭品，全村及远亲都要来参加。死者生前的欠债及一切未了的事情都要在送魂期间内处理完，意思是，生者为了安慰死者的灵魂，要重礼向死者辞别，以免其魂祸及生者的健康，造成人间的灾难。送魂时，要举行奠墓仪式。在死者的墓地上搭设 2～3 丈高的尖塔形草棚，立以木刻成的人头、鸟、蛇等形象，还竖起刻有图纹的竹竿，以示死者的性别、年龄、婚嫁及子女人数等。有的还在草棚的顶端挂上布幡，幡上画以草、木、鸟兽等图案。还有的人家特意在死者的墓地四周种上农作物，以示给死者享用。

四、“号地”与祭“垄尚”

景颇人信仰万物有灵的原始多神教，认为世间的万物都有鬼魂，相信万物有灵，灵魂不灭。在这些鬼魂中，有的造福于人，有的专门降灾祸于人，因此景颇族对鬼魂既崇敬又畏惧。遇到不祥之事就要祭鬼。“号地”与祭“垄尚”是景颇人主要的鬼灵崇拜、祭祀的表现形式。

号地就是自己在本辖区内，选择坡度较平缓，土质肥沃，丢荒多时，已长成树林的山地，用佩带的长刀砍倒一片草木，栽上木桩，并在木桩上砍口做一标记，别人就知道此地已有主人，不再来占用了。号了地后抓一把泥土回家，晚上放在枕边。如果作了噩梦，说明此地选择不当，就要另选地或者请董萨卜卦，祭山鬼后方能砍地。如果是好梦，说明此地选择对了，可以栽种。

祭“垄尚”是景颇族传统文化中最早的至今仍全民信仰的重要活动，对于寨子来说就是隆重的节日。20 世纪 50 年代以前，景颇人为了避免各种自然灾害和自然“鬼魂”的破坏，每年春种前都要进行祭

"垄尚"的活动。"垄尚"，汉语的意思是官庙，每个部落和大小山寨都有一座，多建在山官居住的村社。"垄尚"是一间没有四壁的简陋草屋，里面摆放着一些小竹筒，代表天鬼、地鬼、祖先鬼等。这些通称公共鬼，由全体成员供奉，保护整个村落。早在汉民族的"五帝"前就有了祭垄尚神的活动，古代以户为主，后来以寨子为主。虽然节日气氛不浓，但除了目瑙纵歌，能仙节活动外，没有再比祭垄尚神集会活动大的了，也没有再比祭垄尚神更重要的，它是一个寨子的重大祭祀节。相传人类完整语言都还没有形成之前，垄尚神的祭祀就普遍存在于部落氏族里。景颇族的祭祀"垄尚"还是一种求财的举动，传说曾有一对男女上山种地，因为辛勤劳作而家中殷实，富有。后来他们不在人世后，人们带着对他们的崇敬和怀念，在山地上祭献他们，后来还请到家中祭献，以各家各户方式祭献，当景颇族中出现贵族家庭以后，渐渐开始以寨子来祭献，成为一种集体祭祀活动。

目瑙纵歌节上手持鸟冠的巫师　（刘建明摄）

祭献过程中"斋瓦"[①] 按照古训不断总结经验和摸索，增加祭献天

① "斋瓦"是巫师中地位最高的，他对本民族的历史、典故、诗歌等文化知识有较深的了解，社会知识丰富。

神和神龙地脉，保佑各家各户的庄稼丰收在望，习惯成自然后，至今人们每年下地劳作前进行祭献一次，祈求“垄尚”神保佑庄稼长势喜人，无虫无灾害。到了秋收又要祭献一次，因为一年中农作物经受暴风疾雨袭扰，它们的魂被吓跑，为了叫回谷魂，金灿灿的粮食安全归仓，全寨人修路，打扫寨子房前屋后，然后进行祭献“垄尚”神。

第二节　快乐的节日

景颇族家庭是一夫一妻制的个体小家庭，父亲是一家之长，子女从父姓。家庭中保留着幼子继承财产的习惯。长子、次子结婚后一般都另起炉灶，成立自己的小家庭，幼子则留下与父母同住，赡养父母。有女无儿的可以招婿，上门婿不改姓，子女亦从父姓。妇女在家庭中起着重要作用，除承担着栽秧、割谷、收割等田间劳动外，还要从事织布、做饭等家务。因此，景颇族男子常说“没有妻子就没有饭吃，就没有衣穿”。

一、劳动中的礼仪与禁忌

（一）礼节方面

到景颇族人家做客，他们常常掏出小酒筒和烟盒、烟包递给客人，客人若不抽烟、喝酒，应非常有礼貌地加以谢绝。要在主人指定的位置就坐，不得久立不坐，更不能到处乱闯，主人家的卧室是不准外人进入的。屋内不能吹口哨，客人不能坐主人的座位。如果主人递来烟酒，客人必须双手去接。客人就坐后不能跷二郎腿，妇女不能托着下巴而坐，认为托下巴是表示哀悼。不准背后突然拍别人的头和肩膀，摸头这种行为会被认为是欺负人的行为；骑马到景颇族山寨，寨门外便要下马步行。

（二）喝酒方面

景颇族人喜欢喝水酒，酿酒的原料有大米、红米、苦荞、玉米等，其中尤喜用大米酿的甜米水酒。水酒在景颇人的日常生活中，可以说无处不在，祭祀、节日、结婚、生育、歌会、交友、建房等，都离不酒。景颇族的“新米节”，是在谷子成熟时举行的。这一天，不许杀猪宰鸡，人们只能下河去抓鱼，人们要用水酒进行祭祀，待客。景颇族人在外遇到熟人时，会主动从筒帕中拿出酒筒来请对方喝酒。客人到了景颇人家里，主人会拿出酒筒交给客人，以表示心也交给了你。相互敬酒时，先倒回对方的酒筒里一点再喝，以示互相尊重。多人一同到景颇族人家，主人不亲自一一敬酒，而是把酒筒交给看上去年纪大点的人，说明把心交给对方，要对方代表他的心意，给大家敬酒。喝酒不能就酒筒直接喝，应用筒盖，并且先要让给老人喝。每个人喝一口后用手擦一下自己喝过的地方，再传给别人。客人千万不可接过筒来一饮而尽，务必留下一点“酒种”，表示酒永远也喝不完。如果大家共喝一杯酒时，应请年长者先喝，而后轮流端杯。

（三）饮食方面

按景颇族习惯，鸡头要用来敬给老人或年老者，鸡脚则属于小孩，因此主人家杀鸡招待客人时，客人不能去夹鸡头、鸡脚吃。为了对客人表示尊敬，主人常常把鸡头夹给客人，客人应非常有礼貌地把鸡头转奉给在座的老人或年纪最长者。景颇族从山上采些阔叶回来当碗碟，但在饮食时，叶子不能倒着用，否则会遭怒视。不能随便敲响碗筷，吃饭喝水不能发出响声。景颇族每年吃新米时先要给狗吃，传说人类的谷子是狗从天上带来的，因而还忌吃狗肉。

（四）称谓方面

男性陌生人之间，不得随意喊“阿考”，只能按年龄喊“大哥”或“弟弟”，女性之间不能喊“阿宁”（表姐表妹），只能喊“姐或妹”，不

景颇族人采阔叶当碗碟　（赵吉兴摄）

管本民族或外族都忌，本民族只有盘清了丈人种和姑爷种，该称什么就喊什么。

（五）祭献方面

“垄尚”祭献是规定的村规民约，全寨人要遵守，任何人不得违反，违者，轻者教育限期改正，重者用一头牛洗寨子或驱逐寨外。另外，若亲堂兄妹发生性关系，一旦发现，古代双双（倒栽葱方式）活埋或驱逐到无人知晓地方，永世不得返回本地区，当然，在当前的新社会形态中，这种现象已经不存在了。

（六）传统习俗方面

过去，景颇族房子其中一间专设“恩拉达”，即青年男女谈情说爱或娱乐的地方，但不得发生性关系，若有类似情况发生，双方都将受到严厉的处罚。

（七）目瑙纵歌方面

跳目瑙纵歌时不能分出无头小队伍，一旦出现类似问题，视为不吉利，节日结束后，在总结基础上，给瑙双瑙巴祭祀归还吉利、平安；跳目瑙纵歌时长刀不能翻闪，不能吼出“阿乐乐唔”，这些行为是人死时才采用的。抬长刀的方式是刀口朝右，直着跳时抬刀要稳健，弯腰时抬刀要灵活像一把扇子。高吼“哦日阿”才是狂欢、喜悦的心情；跳完目瑙纵歌要给瑙双、瑙巴洗礼（除掉口舌鬼），这些礼节至今不变。

（八）其他方面

走路不能跨过别人的脚，被跨过的人会认为倒霉背运。很多地区平时进餐仍然沿袭无论男女长幼均把饭菜分份进餐，无须桌椅、餐具，饭菜都用芭蕉叶包好，进食时人手一份，忌把叶包反。男子新婚后一年内不准出远门，不能参加械斗。妻子怀孕时，丈夫不能参加打猎，不能杀生。女人不能随意搬动挪用男人的刀和枪，被女人摸过之后会被认为不吉利。妇女怀孕期间不能吃蜂蜜，认为吃了蜂蜜，胎儿生下后会得癫痫病。妇女生育后，一个月内不得进入别人的家门。外人，尤其是男人不得擅自进入家门。另外，也忌讳养羊，认为羊会上竹楼吃草，会触怒家鬼，使家人遭灾。

在景颇族山寨，放枪放炮不能只放三响，因为放三响表示报丧。景颇族男人的长刀、火药枪、挎包和衣物，一般忌讳妇女触摸或从上面跨过。除此之外，年轻人不允许在父母面前蓄长发、留胡须；对长辈的包头，不准乱动乱翻；不准在长辈面前开玩笑，做怪动作；不准拿筒裙盖熟睡的小孩，这样做景颇人认为孩子永远也不会醒了；长刀和筒帕是每个景颇族男子的随身之物，这两样东西平时不能在墙上翻挂着，如果翻挂着，说明他家近日有人去世了，表示办丧事。

二、生产中的节日——吃新米节

景颇族在生产中的节日主要有新米节、南瓜节、包谷节、采花节

等，而其中吃新米节最为隆重。每年农历八九月间，谷子黄熟时，家家户户杀鸡泡米酒，欢度吃新米节。不论是哪家吃新米饭，都要邀请全寨的亲朋好友前去尝新。对缺席者必须用叶子把新米饭分别包成小包，送到家中。过吃新米节时，请祖先鬼尝新。求祖先鬼保佑谷魂，别让山雀野兽吓着田地里的谷魂，保护谷魂安安全全回到家。景颇人认为：不把谷魂叫回家，谷子再多也不耐吃。祭献祖先鬼仪式结束后，必须先喂狗和猫。传说，狗和猫到天宫为人类接谷种立过功，所以每年吃新米饭时先喂狗和猫。

陇川地区的景颇族传说，新米节是从古至今庆丰收的重要节日。传说人吃的谷种是狗从天宫要下来的，因此，人类十分珍惜谷种的来之不易，每年金黄十秋好好庆祝丰收。在秋季人们把各种丰收果实摆出来，摆起丰盛的饭菜，回顾狗从天宫要下谷种的传说故事，讲完故事和行完其他礼节仪式后，先给狗尝新米，然后人们才开始吃，这就是“吃新米节”的来历。

最初以各家各户为主过“吃新米节”，只是彼此邀请相互祝贺丰收，后来，整个寨子一起欢度，直到新中国成立前人们几乎都这样庆祝“吃新米节”。随着社会进步和发展，特别是改革开放以后，景颇族人民的生活比以前好过了，在“吃新米节”活动时，大家把各自丰收的农作物集中展示，看谁家种的粮食更多更饱满，瓜更大更甜。现在除了以每家每户“吃新米节”以外，寨子也会统一组织，地方性的组织活动相对要少一些，隔三四年甚至七八年才组织一次。

三、青年人的节日——能仙节

能仙节是景颇族社会历史发展到奴隶社会、半封建社会时期，在景颇族中广为流传的民间传说而形成的重要节日之一。据说，有一男一女两青年人，男的叫勒托腊若，女的叫木日扎若，他俩自由恋爱，但遭到山官的限制，指责他们的行为不光彩，败坏了村寨的规矩，村寨中的父老乡亲嘲讽他们，家族成员也认为他们坏了家族的风气。但是这对年轻人坚持自己的信念，后来勒托腊若被山官处死，木日扎若被卖到很远的地方（旧时景颇人认为，婚姻必须听父母的话，相爱是不光彩的事情，这种观念延续到新中国成立后的 20 世纪 50 年代）。年轻男女十分赞赏这一对恋人的举动，并纷纷仿效。从那以后，男女恋人或年轻人避开山官，避开父母，用叶子包各种实物（针、橄榄叶等）寄给恋人，表示思念或十分想念。为了纪念他们，年轻人时常会聚集在一起，举行属于年轻人的节日。新中国成立后这种形式得到广泛的推广，每当能仙节到了，年轻人便敲着象脚鼓，在寨子周围空旷的地方对歌、采花送给自己心爱的人。改革开放之后，懂此民间故事的人，认为对后代教育有很大发掘价值，便纷纷举办“能仙节”。

能仙节上的青年男女　（赵吉兴摄）

在“能仙节”期间，按照传说，除了纪念活动外，还有“对唱山歌”、培训“传统礼仪”、“爬竹竿”、“对唱民谣歌”、“嘎啦”、“拉嘎”、“勒来”等丰富的文化体育活动。

第六章

民族经济与生产

自从景颇族走进社会主义社会，就意味着景颇族人民从此进入了一个新的时代。新的时期赋予了景颇族人民新的含义和新的走向，遥远的“恩准”已经成为历史，“拉事”的野蛮和心酸已经没有人再体会，取而代之的是欣欣向荣的工业化、市场化和专业化。丰富林业资源使景颇族同胞尝到了经济林种植的甜头，“后谷”的香味飘向了每一位走过云南的游客，精妙绝伦的织锦深深印在了各国友人的心中。“目瑙纵歌”歌唱的是美好的今天、祭奠的是心中的灵魂。在这万人的欢呼声中，斋瓦已经远去，迎来的是照耀景颇人民走向繁荣的太阳。

第一节　从刀耕火种走向文明

一、采集狩猎的主导

景颇族主要聚居在云南省德宏自治州境内，这里属于亚热带，群山巍峨、雨量充沛、森林茂密，动植物资源极其丰富，为世居这里的景颇族人民提供了丰富稳定的物质资料来源。

过去，由于地理、环境等因素的限制，景颇族人民大多生活在高寒偏远山区，自然条件恶劣、交通设施差、信息闭塞，居住地远离城镇、远离交通主干道、远离生产基地，且居民彼此间居住较为分散、凌乱，每一个村寨里大概有三五户一团、八九户一簇，因此，景颇族生产力水平极其落后，且从事着刀耕火种的生活。面对日益增长的人口和无穷无尽的自然灾害，人们的物质生活得不到有力的保障，仅仅靠种植和饲养得到的食物根本无法满足人们的需要。于是，景颇族人将山地丛林当作母亲和依靠，依赖丰富的自然资源，不养家畜有肉吃，不种植物有菜吃。景颇人进行的采集、狩猎等活动内容，集中体现了山地丛林民族自然经济的习俗内涵，以及长期与大自然搏斗的大无畏精神。采集和狩猎唤醒了人类最原始的本能，成为人类进化第一步的生存方式，景颇族先祖们通过采集和狩猎等生存方式度过了漫长的岁月，因此，采集和狩猎成为景颇族人民刀耕火种的农业生态系统的一个重要组成部分，并逐步使景颇人走向文明进步的时代。

采集活动一般是由族中妇女来进行的。尽管景颇族居民也进行一些植物的种植，但是土地贫瘠收获甚少，不能维持全年的供给，尤其是蔬菜类食物。于是在自然灾害少发的时候或者在动植物繁殖旺盛的季节，景颇族妇女常常成群结队地到山里采集，增加家庭的食物来源。采集的食物种类可分为块根、茎叶、竹笋、蘑菇、果子、虫类六大类。块根种类繁多、体积大，不仅可以采食，还可以长久储存，以应付随时可能发生的饥荒；茎叶类主要包括一些野菜及野生植物的茎部和花叶，如鱼腥菜、马蹄菜、野芹菜、水芹菜、蕨菜等；菌类有土堆鸡枞、香蘑菇、木耳、银耳、竹菌、菇木、木底干等；竹笋类有格瓦竹笋、甜竹笋、乌罗竹笋、黄竹笋、苦竹笋等；虫类主要包括蜂蛹、蚂蚱、竹虫等；果子的种类丰富，芭蕉、芒果等水果是景颇族妇女采集的主要对象。

在景颇族家庭内，采集活动专由妇女们从事，狩猎则为男子们的

专职。传说景颇英雄勒排都先在追逐一头白鹿时寻找到了人类最适合居住的理想之地，这里土地肥沃、物产丰富、气候宜人、草深林密，茂密的森林中孕育了种类繁多的动物，所以景颇人在此定居下来，除了农耕种植外，狩猎成为景颇族重要的传统肉食品补充的生产方式。景颇族男子采用的狩猎方式主要有集体围猎撵山和伏击等，主要有砍地后或抛荒后打猎、烧地后打猎、护秋打猎等几种形式。从打猎方式中可以看出，景颇人狩猎是和大自然的一种和谐共处。景颇人狩猎的对象主要有野猪、野牛、鹿、豹、山羊、狼、豺狗、野鸡、田鸡等，只要是山上有的，且可以被食用的动物，都可以作为狩猎的对象。现在随着国家法律法规的健全，很多野生动物被明文保护，可狩猎的野生动物的范围被大大缩小了。

景颇族男子身挎长刀，肩扛长枪，为了获得猎物不分白天黑夜，不管刮风下雨，练就了他们艰苦奋斗的精神。发展到现代，虽然农耕生活是其主要的生产方式，狩猎不再是景颇人谋生的手段，但是狩猎习俗或狩猎文化仍然点缀着景颇人的生活。狩猎使景颇男人身体强健，并从中获得冒险的精神和坚强的意志；狩猎能够唤起和激发景颇男人们内心深处坚强的意念和征服大自然的大无畏精神；狩猎能够满足景颇男人们追求新奇的心理。在狩猎过程中不仅培养人际关系和团队精神，而且使得男人们更加智慧，因此，狩猎被视为男子英勇的标志，是景颇男人智慧、组织、技巧和意志的表现，也是男人对野性的回归。

由于景颇人的狩猎活动具有丰富的内涵，随着时间的推移已逐渐发展成为一种文化。狩猎文化已经成为景颇族传统文化的一个核心，精湛的狩猎技巧、狩猎知识，甚至在整个狩猎的过程中充满了许多宗教图腾崇拜、民俗礼仪等内容。因此，狩猎活动发展到今天已经是景颇族文化中不可或缺的组成部分。

手挎长刀的瑙双、瑙巴　（赵吉兴摄）

二、农耕文明的推广

景颇族先民从发源地南迁至亚热带区域，在漫长的迁徙过程中，不断改变生活生产方式，以适应生态环境的变化，先后经历了游牧、采集、狩猎、刀耕火种农业的变迁。随着生产力的发展和社会的进步，农业逐步成为景颇族主要的物质生产形式。景颇族的传统农业主要有三种形式，即刀耕火种、铲草垦荒种旱谷和耕种水田。

新中国成立前，景颇族农业经营方式粗犷，主要依赖刀耕火种维系生活。景颇族的刀耕火种主要有两种形式。一是“于劝格罗”，意为砍伐耕种，就是无轮作的刀耕火种。二是“于遮格罗”，意为挖地耕种。这种农耕方式充分利用焚烧过后的动植物，以此作为养料，不需要另外施肥，也不必灌溉和翻土。采取这种方式的土地一般耕种一两

年就须休养，待十余年后草木繁茂时，方可砍倒烧光，再度使用。这种刀耕火种的方法固有其有利的一面，但却耗费了大量的劳力和时间，且产量较低，对自然灾害的抵御能力不强，容易受到外在因素的影响，从而不能获得稳定的收成。

20世纪以来，景颇人逐渐意识到了刀耕火种的生产方式与生产力的极不适应，因此向各兄弟民族学习，尤其是向汉族、傣族等民族学会了耕种水田的技术，逐渐从开垦旱地转向耕种水田。耕种水田是一项复杂的技术，既要掌握季节性因素，又要考虑犁田的深度和工具的使用。自从景颇族掌握了这项技术，作物的产量不断提高，水田的数量也相应增多了。至新中国成立前夕，水田单位面积的产量就已经达到了刀耕火种产量的50倍左右。水田农业已经成为了景颇族人民主要物质生产部门，而旱地种植则慢慢退出了主角的舞台。与此同时，水田农业的快速发展刺激了人们对农业生产技术的需求，加速了农业科技的进步，同时犁、耙、锄等铁制农具普遍得到了应用，旱地农业生产技术也有了改进。这些生产方式的改变使景颇族的社会生产力得到了极大的提高，人们的生活水平也有了较大幅度的提升。

尽管景颇族农业有较大的发展，但是与周边一些民族相比，尤其是与汉族相比，景颇族的农业生产水平还是处于一个相对落后的地位。景颇族耕种水田一般采用二犁而耙，翻土的深度也仅为3～4寸，不除草亦不施肥，对生产工具的适应性较低，仍然使用一些传统的、不适应新生产力发展的工具，致使农业生产的效率较低。此外，景颇族对土地的利用效率不高。德宏州内的自然条件决定了这里的土地一般可以一年两熟或三熟，但景颇族无论是利用旱地或水田使用率不高，有的甚至一年只使用一次，复种的情况不是很普遍。

三、轻工业的兴起

新中国成立以前，景颇族长期以来处于以农业为主的自然经济，社会内部分工不发达，大部分地区的手工业还没有完全地从农业中分离出来，社会内部商品交换关系不发达，商品意识非常淡薄，手工业依附于传统的农业之中，主要有竹木器编织、纺织等，家家掌握着这种手工劳动的技能，景颇人并没有意识到这种技能的商业性。大部分家庭手工业的生产率很低，主要以自给自足的生产方式为主，产量很低，没有形成相应的生产规模，也就不存在产业的发展。随着商品经济的影响逐渐加深，家庭手工业也逐步有了商业流通的某些特征和性质，例如，将制造的竹木器等手工业品定期或不定期地在市场上进行出售；有些景颇人还掌握了一定的打铁技术和制造银饰的技术。这些技术虽有了轻工业的基本雏形，但没有从农业中完全分离，农业生产依然占据主要的地位，人们只是在农忙之余从事

景颇族妇女在织锦　（赵吉兴摄）

这些手工业。而且，与居住在同一地区的其他民族相比，景颇族掌握的生产技术水平不高，成本过高，不具有比较优势，没有竞争力，因此，迫使景颇族人们放弃独立发展手工业的想法，转而与别的民族之间进行贸易，以获取所需的工业制品。新中国成立前，很多手工业停止了生产。这种由于最初资源禀赋上的差异而形成的民族间的分工，造成了景颇族手工业长期得不到有效的发展。

新中国成立以后，党和政府对民族地区工业的发展高度重视，并在政策上大力扶持。德宏州地处西南边疆，交通闭塞，少数民族人数众多。因此，党和政府对该区进行了大力扶持，在德宏自治州全州范围内修建了许多日用化工厂、发电厂、农具修配厂、制糖厂、副食品加工厂等中小型的轻工业企业，其中制糖业发展尤为迅速。1980 年后，为了尽快发展该区的生产力，使该区经济落后的面貌得以改善，各地联合出资，为该区建立了很多小水电站、煤窑等小企业。此外，进入 20 世纪 80 年代，随着德宏地区边境口岸的开放和边境贸易的空前发展，景颇人的商品经济意识逐渐增强，与外界的接触随之加强，商业从业人员逐年增加，景颇人创办的商业实体开始跻身商场，他们的经营方式包括集市贸易、经销、贩卖、长途贩运、个体企业、边民互市、推销、采购等。截至 2010 年，德宏州企业单位总数为 92 个，其中，大型企业 1 个，中型企业 11 个，小型企业 80 个。德宏州工业生产总值为 765 066 万元，实现利润 136 476 万元，年平均从业人数为 15 693 人。此外，景颇族的手工业主要以纺织业为主，这些纺织制品主要有“勒布”（即筒裙）、“勒若”（裹腿）、“帕状”（披毯）、“筒帕”（挂包），这些织品精美细致、色彩艳丽，具有较高的工艺水平，在市场上成为畅销品，并远销国外。

此外，在景颇族聚居区，政府通过实施各种扶持人口较少民族发展项目，如兴边富民项目、优势产业项目、特色村寨保护项目和景颇族传统文化保护项目及旅游项目等，这些项目的落实和实施使得景颇族的经济得到很大发展，景颇人的生产生活条件也得到了较大改善。

第二节　崇尚理性　尊重科学

一、独特的民间医药理论

景颇族居住的地区森林茂密、气候温和、土壤肥沃，蕴藏着丰富且稀有的中草药资源。景颇族民间医生主要使用中草药为人治病，景颇族居住地既有诃子、荜茇、肉桂、黄连、三奈、使君子、金鸡纳、龙血树、八角、草果、野香橼、山苍子等名贵中草药药材及可食用的药用植物，又有豹、熊、马鹿、孔雀、穿山甲、蛇等可入药的珍禽异兽，还有铁、云母、水晶、金、银等矿产资源。由于历史、文字等方面的限制，景颇人的医疗知识和经验只能靠口传心授，父子、师徒间相传，未能形成系统的医药理论体系。但景颇人民在长期与疾病作斗争的过程中，利用山区丰富的植物、动物及矿物资源，在百树百草中寻找药源，创建了独特的景颇族民间医药，以口头文学的形式流传至今。民间医生多年所积累的经验方法和药物炮制的经验不断得到发展，在缺医少药的偏远山区的少数民族聚居区内，这些经验方法几乎成了治病、疗伤、保障人民群众健康的最主要手段，并出现了一批具有丰富经验的民间医生，据《盈江县志》记载，民国末期盈江县有景颇族民间医生 7 人，这些民间医生为周边各民族的繁衍生息作出了不可磨灭的贡献。

景颇族民间医生诊断疾病的方法主要采用眼看、耳听、口问、手触摸等方式，这与中医诊断的方法相似。治疗疾病的方法有接骨、烧麝香、蜂针、火针、拔火罐、薰疗法、灸疗法等。这些验

方与特殊疗法价格便宜、取材简便，而且见效快、方便易行，蕴含了许多对现代医学科学体系仍有启迪意义的内容。在应用于临床时，传统的方法主要有：煎汤内服、外洗、浸泡、熏蒸；研粉内服、外敷；鲜草捣烂或嚼碎外用；切成碎块给患者直接吞服或用饭包裹。

但是，在对景颇族民族医药技术发出肯定赞扬的时候，也应该看到，这些药材是建立在对大自然毫无节制的开采的基础上的。由于人们环境观念和意识的淡薄以及长期对野生药材的无序采猎，相当部分的景颇药物资源已趋于濒危灭绝状态。为此，在发扬景颇族医药技术的同时，更应该合理开发医药资源，形成有序的资源开发模式。同时，由于近年来西医技术的发展以及政府部门的忽视，景颇族民间医药和其他传统医药一样，特色诊疗技术和单验方得不到有效的传承，随着老医生的离世及行业准入限制，已经很少有人从事该行业，导致景颇族的特色诊疗技术处于失传的边缘。因此，我们应该从医药资源的有序挖掘入手，对单验方进行及时的整理，培养更多人才传承景颇族特色诊疗技术，并不断进行开发研究，让景颇族医药成为我国中医系统发展中的一部分，发挥其特有的功能。

二、刀具制造技术

景颇族的生产生活时时离不开长刀，在景颇族的民间故事中，刀不仅是上辟天地、下惩恶人的正义化身，也是人们战胜自然、征服自然的工具和武器。无论上山打猎还是纵歌跳舞，无论结交朋友还是男女恋爱，刀都是必不可少的配饰及活动环节。景颇族有这样两句谚语，即“景颇山上的路是长刀砍开的，赤脚踩亮的”，“男子不会耍长刀，他就很难出远门”，可见景颇人十分喜爱长刀，长刀既是景颇人的劳动和生产生活工具，又是战斗打猎时的武器；既是男子的装饰品，又象征着景颇人粗犷豪迈的民族精神。景颇族男性成年后，均有一把宽 3 厘米左右，长 50 厘米左右的长刀，并将它们挎在肩上，随着社会的发展，此种现象已不多见，但在特殊的节日如目瑙纵歌等活动中人们还佩戴长刀，这一时期刀成为了道具和象征。

景颇族长刀 （杨兴斌摄）

景颇刀手工精细，种类繁多，长短不一，美观实用。刀形分直、曲两种，刃尖呈斜形，斜度各不相同。柄有木制、骨制和角制三种。刀鞘为木质的，有各种花纹凹雕，鞘上系有三道铜或银箍，鞘上系有皮带，可以做背挎之用。

景颇人从古至今都会打刀，且技术纯熟、经验丰富。但是由于国家当前对刀具的控制以及新的劳动生产工具的出现，现在的景颇人家打刀的逐渐减少。景颇人喜爱的长刀，现在多出自阿昌人之手。阿昌人聚居的户撒乡，就是景颇长刀的主要产地。据记载，在明朝洪武年间，沐英率领明军西征时，曾留下一部分军队驻守户撒屯垦。当地的

阿昌族就向屯军的官兵学习打造各种刀具的技术，并加入自己的思想，刀具制作技艺越发纯熟，越来越适合生活所需，并世代相传，所制刀具外形美观、锋利无比、质量可靠、做工精细，深受景颇族等众多民族的喜欢。例如，来福寨的黑长刀、花钢刀，芒东寨的腰刀，新寨的背刀，腊姐寨的锯齿镰刀等，均为享誉一方之名刀。阿昌族打的刀具备受景颇族青睐，且很适合景颇族生产生活、打猎、祭祀等活动所需，于是景颇族的刀具后来基本上由阿昌人打制，景颇人自己打造刀具的人就越来越少了。

第三节　在传统与现代之间的飞跃

一、由传统走向现代的民族织锦业的发展

景颇族被称为大山的民族，所居住山中的各种奇花异草、古木野生，使他们在特殊的历史长河中创造了织锦这一特殊的文化。景颇族织锦种类繁多、色彩艳丽、花纹与图案别具一格，图案花纹多，文化内涵深厚，包容性很强，在我国民族民间染织工艺中独树一帜，它凝聚了景颇族妇女的聪明才智，是景颇族手工文化的艺术精髓和智慧的结晶，并得到了世代相传。

景颇族织锦在不同地域、不同支系甚至不同等级之间，所使用的制品均各有差异，并保持着各个支系、地区及阶级的特点。因此，一看他们所穿戴的传统织锦服饰，如筒帕、妇女的筒裙、男式织锦腰带就能判断他们是哪个地区、哪个支系的。景颇族织锦历史悠久，但起源却很难考究。我们可以看出，实用、装饰和艺术融为一体的景颇族织锦是一种文化的积淀和长期与自然交往的结晶，它历经岁月的变迁，其发展不仅是对景颇族历史文化发展的一个见证，而且反映出景颇人

的风俗习性、审美观念、价值取向以及景颇族妇女对美好生活的企盼。

景颇族织锦可分为传统织锦和现代织锦两大类，传统的织锦样式有长裙、短裙、妇女内裙、毯子、背腰、护孩围巾、祭祀毯、男女腰带、挎包、护腿、包头、马鞍坐垫、刀背带等。现代织锦又增加了材质柔软、款式新颖的钱包、挎包、提包、披巾、拖鞋、领带等，不仅融入了现代的生产加工，同时更具有市场化的特质。景颇族的现代织锦是在对传统织锦继承的基础上发展而来的，充分体现了景颇族的审美观和价值观，以及对社会发展的适应和对新文化兼容并蓄的特质。景颇人在汲取了传统图案花纹中的精华的同时，吸收新的文化、运用现代的生产技术将其重新剪切、编排、分解、组合，从而形成了艳丽的更适合消费者审美情趣的织锦图案。

织锦中的景颇女人　（朱世琪摄）

景颇族手工织锦是由民间艺人手工纺织的棉线、纱线制成的。制作过程如下：先用天然植物染制，然后运用手工织布机，按照所设计好的花纹编制而成，整个过程天然无污染。景颇族的织锦图案丰富多彩、式样各异，色调对比强烈，且光彩照人，既可用作缝制服饰、节庆礼品，也可用于家居装饰。随着市场经济的不断发展，各种景颇族织锦在市场上的交易日益频繁，深受国内外消费者的喜爱，其市场前

景非常广阔。据统计，一个景颇族妇女仅制作手工织锦，每月收入可达上千元。此外，景颇族手工织锦为云南旅游市场和云南文化产业注入了新的活力，为德宏州的经济发展和旅游市场带来很好的经济效益，是德宏州旅游发展的一面招牌和无形的文化广告，一定程度有效地拉动德宏州经济文化的快速发展，带动民族地区脱贫致富。景颇族的织锦不仅传承了本民族优秀的传统文化，同时促使他们过上了丰腴的幸福生活，他们在市场与传承之间找到了新的结合点。

景颇族女人在织锦　（赵吉兴摄）

历史在前行，文化在发展，景颇族织锦储蓄了博大而精深的文化内涵。随着社会的不断发展进步，景颇族织锦在保持原有特色、风格的基础上不断丰富和发展，花纹、图案在原有基础上更加灵活多样，内容更加丰富多彩，款式、材质逐步向轻薄、简便、美观、大方的趋势发展、变化。如今，景颇族织锦产业已经成为德宏州手工业发展的领头羊。过去，景颇族手工业一直依附于农业而成为其附属产业，自从织锦业得到了快速发展以后，景颇族手工业才逐渐向产业化的方向迈进。

一个民族的文化，就像一条连绵不断的河流一样，总是在不断地流淌和变化着，时而会有大江大河流入，时而也有涓涓细流向其并流，但无论怎样的变化，景颇族依然顺着自己的河道前行，并不断将本民族优秀文化的浪花向世人展现，将其千年的迁徙和民族的勇敢、刚毅、热情、感恩的民族特质展现给世界，织锦成了这一展示的重要载体。

二、以“后谷”为代表的景颇族经济的逐步繁荣

云南德宏后谷咖啡是德宏州宏天实业集团的子公司之一，属民营企业，是第一个中国的咖啡品牌。凭借着德宏州得天独厚的种植条件和国内巨大的消费市场，后谷咖啡蒸蒸日上，不断开发新产品、拓展新行业，先后被评为农业产业化国家重点龙头企业、全国咖啡行业中唯一的国家重点龙头企业。除此之外，公司还主要从事咖啡、橡胶产业化经营。咖啡种植基地面积超过 10 万亩，被国家农业部评为“南亚热带作物名特优基地”。后谷咖啡产品以其独特的口味、优良的品质赢得消费者的青睐，产品销往全国各地市，并出口至很多亚洲国家。后谷咖啡正着力打造后谷这个“中国制造”的咖啡品牌，逐渐走向世界。作为中国咖啡行业唯一的龙头企业，后谷咖啡种植基地拥有全国 1/3 强的咖啡种植基地和资源。后谷咖啡建成并投入使用了年产量高达 3000 吨的中国最大的咖啡速溶生产线，全球第三大速溶咖啡集散地，年产值可达 1.5 亿元。随着德宏后谷咖啡实力的不断壮大，企业的发展战略已从单纯的原料供应走上了深精加工的道路，使云南咖啡产业和与之相关的上下游产业实现了全面升级。与此同时，云南的咖啡农也获得真正长期的增收，人们的生活水平得到了大幅度的提高。

此外，景颇族的其他农业资源也得到有序的开发，经济作物种植

有较大提升，农业经济蓬勃发展。2010年德宏州加强了农村基础设施建设，冬季农作物、经济作物播种面积、产值、人均收入均有大幅度提高。马铃薯、烟叶收获面积分别达6213.33公顷、6493.33公顷，比2009年增长12%、87%；相应的产值分别达1.36亿元、1.75亿元，比2009年分别增长88%、62%。全州经济作物的种植，如竹子、咖啡、柠檬、坚果、油菜、核桃、番麻等产业种植的总面积累计达到10.13万公顷，并拥有国家级农业产业化重点龙头企业1户、省级农业产业化重点龙头企业12户及州级农业产业化重点龙头企业30户，各类涉农企业总计111户。全州“三品”认证工作取得新进展，获证单位达到15户，认证产品达28个，无公害生产基础认证达到4.65万公顷，农民专业经济合作组织增加到81个。

从衡量社会经济发展的主要指标中可以看出，在2005～2010年间，德宏州的工业总产值、农业总产值、旅游业、人均生产总值都得到逐步的提高，尤其是工业生产总值和人均生产总值提升明显。同时也说明，随着改革的深入和市场的发育，景颇族经济得到迅速的发展，景颇族人们的生活水平有了较大幅度的提升。近些年，国家在景颇族聚居区，不断通过实施扶持人口较少民族发展，兴边富民、大力扶持优势产业、保护特色村寨和景颇族传统文化等项目，使景颇族的经济得到很大发展，生产生活条件得到较大改善。但同时我们也要看到，仅以景颇族而言，与全德宏州水平还有一定的距离，因为大部分景颇族聚居地区生存条件恶劣，基础设施脆弱，交通信息闭塞，产业发展少，结构单一，增收困难，种养业收入是景颇族地区经济收入的主要来源，所占比重达90%以上，二、三产业还处于初步发育阶段，贫困人口基数大，贫困现象仍十分突出。

从德宏州统计局公布的数据可以看出，与2009年相比，2010年德宏州农业总产值增长迅速，农业种植结构渐趋合理，各种农业种植面积不同程度地增加，总产量上涨，基础设施进一步完善。德宏州的农业经济正在以稳定飞快的速度朝着现代化集成农业不断迈进，为农民生活的改善以及德宏州经济的增长，产业结构的升级作出了巨大的贡献。

三、丰富的林业经济资源开发

德宏地区地形气候复杂多样，高山险峻、河流湍急、冬无严寒、夏无酷暑、雨量充沛，从而形成“一山分四季，十里不同天”的立体气候环境，使德宏动植物资源十分丰富，是名副其实的“云南野生动植物王国王冠上的明珠”。生物多样性丰富，境内有高等植物 318 科 1886 属 6032 种。有国家级、省级保护植物红豆杉、秃杉、云南娑罗双、盈江龙脑香、桫椤、滇橄、鹿角蕨等 159 种。数百种植物为德宏州所特有，如盈江龙脑香、云南娑罗双、羯布罗香、萼翅藤、鹿角蕨等。

截至 2009 年年底，德宏州有林业用地 1238.7 万亩，占其国土总面积的 73.9%，森林覆盖率为 67.07%。其中商品林面积 877.62 万亩，公益林面积 361.03 万亩（拥有国家重点公益林 270.12 万亩，地方公益林 90.91 万亩），全州人工林面积 158.7 万亩。在政府退耕还林的政策下，德宏州每年退耕还林和荒山造林面积不断增加。德宏依托资源和区位优势加快了绿色商品林产业开发力度，初步形成了“全州一盘棋、一县一品”的特色经济林的发展格局，如茶叶、柠檬、咖啡、澳洲坚果、麻竹、云南皂荚、石斛等生产已初具规模。2010 年全州竹子、咖啡、柠檬、坚果、油菜、核桃、番麻产业种植面积累计达到 10.13 万公顷。德宏各个县通过合理的劳动地域分工，均建立了各自的特色林产业。如瑞丽市主要发展柠檬，芒市以发展茶叶为主，梁河县以发展云南皂荚为主，盈江县则着重发展澳洲坚果，陇川县注重竹

藤产业的发展。大力发展林业产值较高的西南桦，西南桦是珍贵用材林，德宏州有西南桦天然林面积 1.95 万公顷，占全省的 36.97%，蓄积 176.7 万立方米，全州七成以上的木材加工企业生产、加工、销售与西南桦相关产品。正是基于西南桦较高的经济价值，德宏州目前正在建立西南桦母树林。陇川建立了全国最大的麻竹生产基地，产品包括工艺品到食品等，效益突出。以林产业为主，积极推进无公害食品、绿色食品、有机食品等“三品”认证产业，综合利用林业资源的价值，达到多层次发展开发林业资源的目标。全州以木竹果香药为主要原料的企业多达 10 多家，木材及林产品加工企业则将近 500 家。此外，以畹町、铜壁关自然保护区、独树成林等为主体的森林旅游资源已具规模，有效地拉动了德宏州经济的快速增长和旅游业的蓬勃发展。

德宏州发展林业经济具有得天独厚的优势。正是基于德宏这种独特的地理条件，以及林业产业污染小、利润高的优势，德宏州才越来越注重林业产业的发展。2010 年，“六树一草”的种植任务在全州内实行，其中：竹子 20 万亩、咖啡 4 万亩、坚果 3 万亩、柠檬 1 万亩、油茶 6 万亩、核桃 11 万亩、番麻 0.5 万亩，共 45.5 万亩。全年全州共完成种植 51.7489 万亩，超额完成任务的 14%，并对“六树一草”进行开发、生产加工、销售，全年实现销售收入 7.9 亿元，创造了巨大的经济利润。

四、“工业强州”战略和特色产业的发展推进景颇族经济走上现代化道路

全州围绕“工业强州”思路，着力调整工业结构，加快特色产业的发展，逐渐转变经济发展方式，使得景颇族地区经济发展速度明显加快，经济效益明显提高，可持续发展能力明显增强。

实施“工业强州”战略是区域经济发展的阶段性选择，也是区域

主导产业发展的选择。工业化是实现现代化的必由之路，是实现景颇族经济社会科学发展的主要方向，是实现景颇族社会经济和谐发展、跨越发展的有力保障，是实现三次产业加快提速、协调发展的关键，没有工业的快速创造财富、做大经济蛋糕、完成资本积累，就不可能实现现代化。因此，德宏州围绕“好字当头，工业富州”的发展思路，着力解决全州支柱产业单一、新兴产业发展滞后、精深加工产品缺乏等“瓶颈”问题，在延伸制糖产业链的同时，州里着眼新特色，激发新活力，坚定不移地打造工业发展新支柱，电力、水泥制造、有色金属冶炼等重点行业迅速崛起，成为拉动全州经济发展的主动力，摆脱了对制糖工业的长期依赖。

同时，德宏州在“工业强州”战略的引领下，发展特色产业。坚持优势资源向优势企业集中，建立特色鲜明的节约资源型进出口加工装配基地和生物特色资源加工基地。不断加快发展方式的转变，逐步转变传统民族经济中的资源型、粗放型生产方式，向可再生经济、循环经济、低碳经济、知识经济等现代产业经济靠拢，并树立特色产品品牌、培育特色产业集群，打造和构建以电力、电冶、食品、建材、制药、林（竹）、珠宝和化工八大重点产业为核心的特色工业体系，把德宏州建设成新型特色工业化生态城市，提升景颇族人民的生活生产水平。

在特色产业发展中成绩卓越，已建和在建生物特色工业加工生产线 10 条，其中，竹子加工生产线 2 条、咖啡加工生产线 2 条，番麻加工生产线 3 条，澳洲坚果、柠檬、油茶加工生产线各 1 条，建成了全国最大的咖啡种植基地、澳洲坚果基地和速溶咖啡生产线，构建了“后谷咖啡”等特色龙头产业跟一批著名品牌。此外，德宏州委、州政府始终保持走区域经济特色化、产业发展集群化的道路，重点发展具有德宏民族特色、比较优势突出的 7 个生物特色产业，即重点发展竹

子、咖啡、澳洲坚果、柠檬、油茶、核桃“六棵树”和番麻“一棵草”。

云南德宏傣族景颇族自治州围绕“六棵树”和“一棵草”的资源优势，以建设大基地、搀扶大龙头、建立大品牌、开辟大市场为目的，全力推动生物特色产业发展。在产业标准化基地建设中，成立了州级特色产业办公室，实行“一位州级领导挂钩一项生物特色产业”的工作机制，全州一盘棋作特色产业发展计划，设立1000万元特色产业搀扶基金，成立了相应的科研技术开发机构，加大投入力度。通过努力，全州新增“六树一草”种植面积3万多公顷，其中竹资源基地总面积达4.7万多公顷、咖啡0.7万公顷、澳洲坚果近0.5万公顷、柠檬种植面积0.3万公顷。

目前，德宏水泥、制糖等行业正加速整合，家具、食品等轻工业发展迅速，特色产业逐渐走向现代化，全州工业经济的发展呈现出了一派勃勃生机。截至2011年年底，全州完成工业增加值133亿元，按可比价计算比2010年增长29.4%。规模以上工业完成增加值29.62亿元，按可比价计算比2010年增长28.1%。其中：电力生产和供应业完成增加值18.35亿元，增长36.6%；有色金属冶炼业完成增加值1.68亿元，增长12.7%；制糖业完成增加值6.26亿元，增长7.9%。规模以下工业完成增加值7.34亿元，增长25.2%。

工业经济效益明显提高。2011年，全州92户规模以上工业企业中，企业主营业务收入为75.48亿元，比2010年增长44.3%，主营业务成本为52.84亿元，增长26.0%，财务费用4.38亿元，增长19.2%。企业实现利润总额14.51亿元，比2010年增长4.7倍；实现利税总额21.37亿元，比2010年增长1.9倍；实现税金总额6.86亿元，比2010年增加2.0亿元，增长41.3%。

第四节　在希望的田野上

千年的迁徙使得景颇族厚重的历史文化有点神秘和缺憾，许多弥足珍贵的景颇族文化遗产在流动中不断消亡和遗失，留给人们的只有想象和无数的谜，而这一状况终于在景颇族的定居后逐渐改观。千年的颠沛终于疲倦，美丽、富饶的德宏让他们有了喘息和歇息的机会和欲望，他们找到了属于自己的地方。新中国的成立让他们带着欣喜跨越了经过千年演变的社会形态，三百多年的发展使得景颇族不断成长和壮大。改革开放的脚步走近了景颇族的村寨，瑞丽、畹町口岸的蓬勃发展带动了景颇族人民从此走上了康庄大道，无论从经济的发展，还是从景颇族受教育的整体情况来看，景颇族都有质的飞跃。

这些仅仅是一个开始，短短的历史让他们还要面临更大的挑战。逝去的历史只是他们族群成长历程中的一朵浪花，景颇族发展的路还很长。因此，在今后很长一段时间，景颇族还得注重本族群的以下几个方面的发展。

一、大力发展基础教育，提高基础教育质量

教育是景颇族社会经济发展的重要基础，也是景颇族人才培养最核心的手段之一。从上面我们的分析也不难发现，虽然景颇族全民受教育水平得到很大的提升，但是景颇族受教育人数与总人口中的比率还比较低，受高层次教育的人数占总人口的比率非常低。分析原因，一方面是景颇族受教育的人口还相对较少，教育环境和教育质量偏低。另一方面与景颇族聚居区教育发展的水平有很大的关系，主要还是德宏等地的教育投人不够，教育硬件设施不完善，高质量的教育人才匮乏。景颇族民众对子女受教育的观念还不是太强，适龄儿童人学率不

是很高。高校毕业就业难以及毕业后短期经济收入不如从事种植业的同伴的表象使景颇族的教育难上加难。鉴于以上几个方面，景颇族要想在今后以及更长的一段时间里跟上各民族发展的步伐，并且发展壮大自己，离不开教育。当前最紧迫的就是发展基础教育，提高基础教育的质量，只有提高了基础教育的质量才能保证接受高层次教育的机会。而发展基础教育的核心就是加大基础教育的投入，同时还要引进高层次人才和提升现有教师的质量。

二、加快景颇族聚居区的经济发展，大力发展流通行业

无论是教育的投入，还是人才的引进和师资的培养，没有较好的经济条件这一切只是泡影。因此，借着各个口岸的发展、中国与东南亚合作的不断深入，应当大力发展经济。具体的措施上应从特色农业、林业经济、旅游业和次区域合作等方面下工夫。农林业的发展上应该结合景颇族聚居区丰富的森林资源，广泛引导景颇族人民种植经济林和特色农业。利用优势的旅游资源和开放口岸发展特色旅游。努力打造民族企业。利用景颇族聚居区便利的国家级开放口岸的优势，大力发展流通行业，建立云南面向桥头堡战略的重要港口城市。利用南向战略，尽快完善交通、通信等基础设施，吸引外资，利用劳动力优势，将德宏建设成为我国对外出口的重要生产基地。

三、积极引导景颇族农村劳动力的输出

景颇族历史上是一个迁徙民族，但是在新中国成立之后，其在各区域之间的流动性不是太高。与此同时，景颇族农村剩余劳动力的输出不是很明显，南亚热带气候提供给他们丰富的物产使得他们养成了清闲安逸的生活方式，很多景颇族人民不愿意离开自己生活的区域，致使大量剩余劳动力滞留乡村，这对景颇族聚居区的经济发展极为不

利。因此，加强对景颇族剩余劳动力的转移显得十分必要，这种转移，可以是农村向城市的转移，也可以是跨区域的转移。伴随着我国东部及沿海地区劳动力优势的逐渐丧失，积极引导西部少数民族地区剩余劳动力向东部地区转移不仅是对我国逐渐丧失的劳动力优势的补充，也是对民族地区社会经济发展的最好形式。

四、严厉打击毒品犯罪、完善公共卫生条件

景颇族聚居区特殊的地理区位造就了景颇族聚居区毒品交易极其频繁，毒品交易的高额利润吸引着不少人铤而走险的同时也残害了不少健康的家庭和个人。因此，对于毒品交易的严厉打击不仅能够降低景颇族聚居区犯罪率，而且能缓解该区域的治安压力。由于德宏临近世界毒品生产的最大中心之一“金三角”，因此这一带毒品交易极其猖獗，同时使得这一区域成为了毒品消耗的主要场所。毒品的吸食不仅破坏了完美的家庭，而且迫使大量优质的良田、经济林得不到有效的利用，人们的生活每况愈下，最可怕的是“四号客”（吸食海洛因者）为了吸毒到处偷盗、抢劫，严重影响了社会治安。

因此，严厉打击毒品交易成为政府的重要任务之一。另外，由于气候的因素和艾滋病的泛滥，应当加强景颇族聚居区的公共卫生设施的建设，在努力解决地方病的同时更好地控制艾滋病的传播。

参考文献

1. 李向前．目瑙斋瓦．德宏民族出版社，1991

2. 李向前．当代云南景颇族简史．云南人民出版社，2010

3. 德宏州志编纂委员会．德宏州志·综合卷．德宏民族出版社，1994

4. 当代云南编辑委员会．当代云南简史．当代中国出版社，2004

5.《德宏傣族景颇族自治州概况》修订本编写组．德宏傣族景颇族自治州概况．民族出版社，2008

6. 景颇族简史编写组．景颇族简史．云南人民出版社，1983

7. 龚庆进．景颇族．民族出版社，1988

8. 德宏州志编纂委员会．德宏年鉴．德宏民族出版社，各年版

9. 德宏州志编纂委员会．德宏史志资料（第18集）．德宏民族出版社，1996

10. 德宏傣族景颇族自治州人民政府．德宏大观．上海文艺出版社，1993

11. 马曜．云南简史．云南人民出版社，1993

12. 德宏州党史征研室．德宏农业合作化史料．德宏民族出版社，1999

13. 当代中国的云南编委会．当代中国的云南．当代中国出版

社，1991

14. 于乃仁，于希谦．马嘉理事件的始末．德宏民族出版社，1992

15. 高发元主编．云南民族村寨调查——瑞丽弄岛等嘎村．云南大学出版社，2001

16. 翁独健．中国民族关系史纲要．中国社会科学出版社，2005

17. 张天路．中国少数民族人口调查研究．高等教育出版社，1996

18. 张天路．民族人口学．中国人口出版社，1989

19. 张天路．中国民族人口的演进．海洋出版社，1993

20. 尤中．尤中文集（1～3卷）．云南大学出版社，2009

21. 尤中．中国西南的古代民族．云南人民出版社，1980

22. 费孝通．中华民族多元一体格局的形成（修订本）．中央民族大学出版社，2003

23. 杨锦和，穆贝玛途．景颇族传统音乐概论．云南民族出版社，2009

24. 武友德等．中国民族人口·第二十八卷·景颇族卷．中国人口出版社，2005

25. 李竞能．人口理论新编．中国人口出版社，2001

26. 罗天溥．景颇族服饰色彩形成探考．民族艺术研究，2003（1）

27. 乔明昌．景颇族民间舞蹈内涵及风格特征．民族艺术研究，1996（2）

28. 李怀宇．景颇族宗教教育概述．中南民族大学学报（人文社会科学版），2003：23（2）

29. 杨冰．绿色山寨，景颇家园．今日民族，2002（11）

30. 龚佩华．从景颇族的统一谈族群理论——兼论与周边民族的矛盾和适应．思想战线，2008（4）

31. 陆云．论近代云南景颇族的文化认同．云南社会科学，2004

（5）

32. 祁德川．景颇族董萨文化研究．中南民族大学学报（人文社会科学版），2004（1）

33. 卫锦华．浅析景颇族“目瑙纵歌”的文化传承价值．搏击：武术科学，2007（6）

34. 李志平．人口较少民族政策下的景颇族人口经济发展思考——基于人口经济学视角分析．产业与科技论坛，2011：10（18）

35. 赵天宝．少数民族习惯规范和国家法的冲突及互动——以景颇族为例．中央民族大学学报（哲学社会科学版），2009：36（5）

36. 李怀宇．试论迁徙对景颇族社会发展的影响．保山师专学报，2003：22（1）

37. 赵天宝．探寻景颇族的源与流．学术探索，2011（6）

38. 赵天宝．通过原始宗教的社会控制——以景颇族为例．中央民族大学学报（哲学社会科学版），2011：38（4）

39. 苍铭．云南民族迁徙的社会文化影响．云南民族学院学报（哲学社会科学版），1998（1）

40. 黄荣清．中国各民族文盲人口和文盲率的变动．中国人口科学,2009（4）

41. 石人炳．西双版纳的文盲人口及其对生育率的影响．人口学刊,1993（6）

42. 石锐．景颇族传统农业的变迁．云南民族大学学报（哲学社会科学版），2005（6）

43. 赵鸿娟，陈梅．传统生育文化对生育率的影响以云南少数民族为例．陕西师大学报（社会科学版），2006：33（1）

44. 岳丽娟．景颇族经济社会发展面临的问题与对策——以德宏州人口较少民族景颇族聚居区为例．传承（学术理论版），2011（6）

45. 陈绍昌．让每个兄弟民族的生活越来越好——德宏州多举措促人口较少民族经济社会发展纪实．今日民族，2011（4）

46. 乔明昌．德宏景颇族民间舞蹈的韵律特点．民族艺术研究，1990（2）

47. 徐敬君，白柳．发展民族工业、振兴民族地区经济——德宏州民族工业发展情况调查．云南民族大学学报（哲学社会科学版），1984（3）

48. 丁国美．德宏景颇族民间音乐的现状及发展对策．民族音乐，2011（5）

49. 云南省人口普查办公室．云南省2000年人口普查资料综合汇总分册．云南科技出版社，2002（11）

50. 刘扬武．几经迁徙的景颇族．中国民族，1982（5）

51. 刘扬武．景颇族的乐器．云岭歌声，2004（9）

52. 刘扬武．景颇族的乐器．乐器，2004（9）

53. 杨锦和，刘琼芳．景颇族的音乐．云岭歌声，2004（8）、（10）

后记

偶然的机会能够承担《中国少数民族人口丛书·景颇族》的编撰工作，这是我的一个荣幸，也是得益于我的恩师武友德教授之前曾经撰写过的，由田雪原先生主编并通过中国人口出版社 2005 年出版的《中国民族人口·景颇族卷》，在这里要感谢武老师一直以来对我学术上的指引和人格上的熏陶。在接过艰巨而光荣的任务的那一刻，我注定要与景颇族结下不解之缘。景颇族是一个豪迈、好客、热情、乐观和有着坚韧品质的民族，在不断的资料收集和深入撰写的工作中，我深深感受到景颇族先民的勇敢和智慧。《目瑙斋瓦》的博大精深让我叹为观止，景颇族先民各种祭祀礼仪和禁忌让我体会到他们对人与自然、人与人以及人与自我的解读和诠释，古老的婚姻制度、婚礼以及婚礼中各种规定是他们对景颇族自身发展壮大的思考和深谋远虑。太阳是景颇族心目中最高的神，他们是太阳的子女，太阳的炽热给予了他们似火的激情，并随着千年的迁徙在每一个景颇族人胸中熊熊燃烧、不灭不休。烈焰般的激情和坚韧的民族气质在每一次目瑙纵歌中释放，每一次万人共舞的恢宏气势、万人会聚而成的“哦日阿”响彻喜马拉雅山的每一个山谷，并随着澜沧江和怒江一路奔腾。父辈的逝去使他们相信父辈要回到“木札省腊崩”的“阿公阿祖”身边，他们是如此的平静，并用最激情的舞姿来祭奠他们的灵魂。新中国成立使他们跨越经历千年才演变而来的新社会，改革开放让他们再一次走向一个全新的社会。这就是景颇族，一个迁徙千年而生生不息的民族，一个蒸蒸日上的民族。

在从内心和灵魂深处感受景颇族厚重文化的同时，我也深深感触到自己的幸运，在整本书的撰写过程中，书稿主要由我完成，但是没有其他老师、朋友的帮助我也无法完成这项工作。云南师范大学的宋嘉同学天资聪慧、淳朴勤奋、涉猎广泛，是一个很有培养前途的优秀青年学子。在整本书的撰写过程中，他帮助收集了大量珍贵的资料和数据，并在很多章节的写作上提出了很有见地的意见，为整本书的完成奠定了重要的基础。云南师范大学的彭茂红老师协助我完成了第五章的内容，云南省交通职业技术学院的斯琴老师协助我完成了第六章的内容，云南师范大学的熊理然副教授提出了很有建设性的意见，中国人民大学的梁海艳博士生在人口发展和预测的技术上作了很好的指导。在收集资料的过程中，陇川县政府的领导和县政府办公室的同志给予了很大的帮助，在这里我要感谢李正环领导和赵吉兴主任，没有他们的帮助和提供的第一手资料我将不会这么快完成任务。在这里我还要特别感谢中国人口出版社的编辑，她们的热情、她们的耐心和帮助让我顺利完成这部书稿。当然由于个人学识、研究能力、资料积累等方面的有限，在某些方面研究不到位、有偏差或者有欠缺，但是在今后的研究中我会加倍努力，弥补现在的缺陷。

特别说明的是本书插图部分由陇川县县政府办公室协助组织向德宏州各界人士征集，其余部分由广州集成图像有限公司提供。

“一夜寒雪天意凉，瑟瑟秋风满地黄。问道京师常思哲，丑至未眠心犹狂。”书稿即将完成之际，正值 2012 年北京的第一场雪，在漫天飞雪中有如此温暖的收获我备感欣喜。

李灿松

2012 年 11 月于北京